淡谷のり子

Noriko Awaya

一に愛嬌 二に気転

ブルースの女王・淡谷のり子の
”毒舌でごめんなさい“

まえがき

最近、私は生きているのがつらくなることがあります。といっても、自分の老後が心配だとかそういうことではありません。最近でこそ、ちょっと足を悪くして、長時間立っていたり、歩くのに不自由を感じるようになりましたが、そのほかは体はいたって健康です。

歌も、現役歌手として唄いつづけ、コンサートを開けば、私の昔のことなどまったく知らない若い音楽ファンが集まり、熱心に私の歌を聞いてくれます。また、このごろはどうしたわけか、私の話を聞きたいという方もふえ、講演などに招かれて大勢の女性の方のまえでお話しすることもたびたびです。

妹と二人の生活も快適です。近くに、私の娘夫婦も住んでおりますし、世の中、とにかく便利になりましたから、日常生活であまり不自由を感じることもありません。私を助けてくれるスタッフの人たちにも恵まれ、みなさんが私をだいじにしてくれます。その意味で、私ほど恵まれた人間もいないかもしれません。

にもかかわらず、私が生きていくのがつらくなるというのは、最近の世の中をみると、ほんとうにいやな時代になってしまったとつくづく感じることが多いからです。生きていくかいがないとでもいいましょうか。

とくに、今の人たちから〝心〟が失われているのを見るのが、私にとっては何よりもつらいことです。なかでも、最近の若い女性、いったいどうなっているのかと思います。自分勝手で、自分さえよければ他人のことなどまったく気にかけない、そういう人があまりに多いのです。

人から親切にされてもお礼の言葉もいえず、年配者や目上の人への心遣いもなければ、自分より弱い人へのいたわりもない。ですから、気がきくどころの話ではなく、何かあると、すぐふくれて仏頂面（ぶっちょうづら）をする…。そういう若い女性の姿を目にするにつけ不愉快になりますが、それ以上に気がかりなのは、こんな人が将来、母親になったとき、その子どもをどう育てるだろうか、ということです。こんな母親に育てられたら、どんなにいい子だって、ダメになってしまうのではないでしょうか。

おそらく、この人たちは、これまであまり注意を受けたこともなく、自分たちのしていることがいかに無神経なことか、気がついていないのかもしれません。
そこで、お節介を承知で、〝女性の先輩〟として、あえていろいろな苦言を呈することにしました。耳の痛いこともあるかもしれませんが、私の言うことに、しばらく耳を傾けていただきたいと思います。

「一に愛嬌、二に気転」といいますが、ほんとうに頭のいい女性というのは、いつもにこやかでやさしく、人の気持ちがよくわかり、相手の立場に立って考えることのできる人だと私は思います。
そういう〝いい女〟が一人でもふえてくれたら、世の中がもっと明るく楽しくなって、私だけでなく、この本を読んでくださるあなた自身が、楽しく毎日を過ごせると思うのです。

淡谷のり子

目次◆一に愛嬌　二に気転

第II章 あなた、それでも女ですか

第Ⅲ章　気がつく女と、鈍感な女は、ここが違います

※本書は1987（昭和62）年刊行の『一に愛嬌 二に気転』（ゴマレディス）を再編集して新装版として刊行したものです。

第Ⅰ章

女にとって、もっとも大切なことは

◇結婚にあこがれるのも、いいかげんにしなさい

結婚式の楽しさが、そのまま結婚生活だと思う錯覚

最近の若い女性を見ていて不思議に思うことのひとつに、結婚願望があります。まだ、若いうちから、早く結婚したいと焦っていて、頭の中には、「結婚」という文字しかないようなのです。なぜ、そんなに急いで結婚したがるのでしょう。

たしかに、幸せな結婚生活をおくることができれば、女性としては、これ以上幸福なことはありません。しかし、いまの若い女性の頭には、結婚といっても、結婚式のイメージしかなく、実際の結婚生活とはいったいどんなものなのか、そのあたりのことがさっぱりわかっていないようなので、私には気になるのです。

私自身、一度結婚していますし、すこしは世の中を見てきているから言えることなのですが、結婚というのはかならずしも楽しいものではありません。結婚式は楽

しいでしょうが、結婚生活はいわば「ひたすら我慢、我慢」。忍耐が必要なのです。そこを忘れて「好きな人といっしょに暮らせるだけで幸せ」などと思い込んで結婚を急ぐと、失敗するのです。

考えてもみてください。毎日の生活とは、そうそうおもしろおかしいものではありません。独身時代とちがって家事もしなければなりませんし、相手のいる生活ですから、自分のわがままだけが通るわけがありません。お姑さんにだってつかえなければなりません。好き勝手ができるわけがないのです。だから、「我慢、我慢」なのです。

一般的にいえば、期待や夢が大きかった人ほど、不満も大きくなるようです。「こんなはずではなかった」というわけですが、それが考えちがいだということに、気がつこうともしません。そのため、亭主の不満をよそで晴らそうとして、不倫に走ったり、テニスやスイミングスクールに熱心に通っては、そこの若いコーチに色目を使ったりするようになるのです。

そんなバカな生活を送らないためにも、結婚前は思う存分遊んでおいたほうがいいかもしれません。さんざん遊んで、遊びに飽きたら結婚をすればいいのです。それが三十歳を過ぎていようが、四十歳を越えていようがいいではありませんか。

「結婚は、したいと思ったときが適齢期」とは、だれかがいっていた言葉ですが、焦って、自分を安売りして、後悔するより、よっぽどましだと思うのですが、いかがでしょうか。

結婚にあこがれて、「嫁ぎ急ぐ」ことだけは、考えなおしたほうがよさそうです。聞くところによれば、若いうちに結婚してしまった人ほど、夫に対する不満が大きく、「こんなはずではなかった」と人生に対する後悔も大きいそうです。

あこがれだけでは、結婚はうまくいかない

かつて私も、何年か結婚生活というものを経験しました。べつに、結婚にあこがれていっしょになったわけではありません。面食いの私が好きになったくらいですから、相手はとてもハンサムなジャズピアニストでした。

そのころ、私はジャズに関心を持ち、自分でもジャズを唄ってみたいと思ってい

ましたが、その人はジャズピアノの名手で、ジャズを縁に私たちは出会ったのです。

その男性と結婚したのは、純粋な愛のほかに「相手のピアノによって私の歌もより磨かれるのでは」といった打算のようなものがありました。ですから、自分の音楽が夫の目指す音楽と離れてしまったと同時に、私の心も夫から離れてしまったのでした。

また、家事のわずらわしさや、夫婦であるがための拘束など、自由奔放に生きたい私を、「結婚生活」はがんじがらめにしてしまったのでした。なんともいえない息苦しさでした。

家事をしていながらも「こんなことをする時間があったら、新しい曲が覚えられる」などと思うと、いてもたってもいられませんでした。

そして、私を結婚生活から遠ざけた決定的な出来事は、母の一言でした。私のステージを見てくれた母が、こんなことを言ったのでした。

「あなたの歌も、ぬかみそ臭くなったわね」

グサッと胸を突かれたような気がしました。

母はふだんは何も言わない人でしたから、よけいにこたえました。そのことがきっかけで、私は離婚しました。夫の浮気という問題もありましたが、結婚生活より歌のほうを、私は選んだのです。

結婚生活のストレスから体を壊していたりした私ですが、夫と別れたとたんに、健康が回復してしまったのには驚きました。

若いころは、私の中にも多少、結婚に対するあこがれがあったのかもしれません。結婚当時は、それなりにいい妻になろうとしていたのですから。でも、それが間違いのもとでした。

若い女性であれば、だれでも結婚にあこがれることは確かです。しかし、あこがれだけで結婚生活にはいっても、現実とのギャップに自分が苦しむだけですから、もっと地に足をつけて考えていただきたいのです。

幸福も不幸も、自分でつくりだすもの

以前、私の自宅に、ある中年の女性が、私に「どうしてもお礼を言いたい」と突然、訪ねてきたことがありました。彼女の話はこういうものでした。

二十二歳で結婚した彼女は、結婚生活十八年目のときに、夫に女性がいることがわかったのです。それも三年来のつきあいだったそうです。ひとり息子は高校へ進学し、共働きでためたお金でやっとマイホームも買った。そんな幸せな時期に、女としてもっとも許せない仕打ちを受けたショックからノイローゼのようになり、会社も休みがちなときに、私がテレビのトーク番組で話したことを聞かれたのだそうです。

私は、どんなことを話したかすっかり忘れていたのですが、彼女によれば、

「人間は考えようで、幸福にも不幸にもなれる。幸福や不幸は人が運んでくるものではなく、自分の心がつくり出すものだ」

という内容のことを言ったのだそうです。それを聞いた彼女は、ハッと胸をつかれ、

「夫に怨みをもったところで問題は何も解決されない。夫が外に女をつくったことは、自分に与えられた試練だ」と思えるようになったといいます。

そう思い始めたら、心が軽くなり、生きる勇気が湧いてきたそうです。そして、夫を責めるのをやめ、ひたすら、自分を磨くことにしたところ、夫も愛人と別れ、家庭にもどってきたとか。

私がなにげなく言った言葉が人を助けることになったとは、私もたいへんうれしかったのですが、

「幸せはだれかがくれるのでもない、自分の心がつくりだすもの」

これは、真実だと私は信じています。結婚生活は「我慢、我慢」と言いましたが、その結婚生活がおもしろくないというのは、結局は、自分がそうしているだけの話なのです。だれかが、結婚生活をおもしろくしてくれるわけではありません。また、おもしろくないからといって、不倫に走ったり、テニスのコーチにうつつを抜かすだけが、能ではありません。

我慢、我慢の結婚生活でも、それを幸せなものにするかどうかは、自分にかかっていること、そしてそれは、ちょっと見方、考え方を変えるだけでも、得られるということを頭に入れておいてほしいものです。

◇結婚を意識したら、同棲するのも現代女性の知恵

パートナーをよく見きわめないで結婚しても、うまくいかない

ある有名な女優が豪華な結婚式を挙げて、外国へハネムーンに旅立ったものの、帰国すると同時に離婚してしまったことがありました。性格の不一致が原因だとその後の記者会見でいっていましたが、要は、お互いに人を見る目がなかったのと、結婚に対する考え方が甘かったのだろうと思います。

あまりのスピード離婚ぶりに、結婚式にかけたお金がもったいない、とつまらないことを思ったりしたものでした。

こういうケースは、何も芸能人に限ったことではありません。私が、昭和三十二年から八年間、回答者をやっていたテレビの身上相談番組でも、同じような話を聞いたことがありました。

見合い結婚して半年目になるという女性からの相談でした。当時、その女性は二十七歳。彼女によれば、二十代後半という年齢に焦りを感じ、相手をよく知らないまま結婚生活にはいったといいます。医者をしている夫は、仕事だけにしか関心はなく、彼女のことは家政婦扱いだったそうです。別れ話を出すと、それでもいいという返事。性格的にも合わず、夫婦の心の交流など望めそうにないとのことでした。

そんな折り、結婚前に交際していた男性から「そんなにつらい結婚なら別れて、自分といっしょになろう」という手紙をもらい、夫と別れるべきかどうか迷っているという相談でした。

このときの私の回答は、

「夫と離婚して昔の恋人と結婚したほうがいいでしょう。しかし、恋人には甘い期待をもってはだめです。あまり多くを望まず、今度は我慢する覚悟が必要です」

というような内容でした。多くを望めば、このような人はまた、同じようなあやまちに陥るだろうと思ったのです。

このふたつのケースに限らず、世の中には、軽はずみな結婚が多すぎるように思います。だれが決めたかわからない結婚適齢期というものに振り回され、「もう年だから」とか、相手の経済力だけに目がくらんで結婚するなど愚の骨頂です。

実際に生活を始めてみてからでないと、相手がどんな人間なのかわからないなど、現代のような自由な時代に生まれ育った人たちのすることではないと思います。長くいっしょに暮らすことになる相手だけに、パートナー選びだけは慎重にしたいはず。

そこで、私が提案したいのが「同棲」です。結婚、結婚と騒ぐ前に、「とりあえず、これと思った男性（女性）といっしょに暮らしてみる」のです。

同棲のすすめ

というと、淡谷のり子は、若い女性に同棲などすすめてけしからん、と叱られることがあります。私の妹なども、同棲なんてとんでもないと、猛反対です。しかし、もちろん、私のいう同棲は、たんにセックスを目的としたような遊び半分のものではなく、あくまでも「結婚を前提とした」真面目な同棲に限ります。

いっしょに暮らしていると、相手のこともよくわかります。恋人同志でいるときには見えなかったことが見えるようになります。外で会っているときは知的で、仕事熱心だと思っていた人が、マンガばかり読む、わがまま者かもしれません。逆にズボラで無神経だと思っていた人が、じつは細やかな心づかいのできるやさしい人かもしれません。

生活というものは、毎日、延々と続くものです。無理をして飾ってみせても、いずれはボロも出るわけです。そのボロが出始めたときが、ほんとうに結婚するかどうか考えるときなのです。この人といっしょに暮らして、自分は我慢できるのかどうか、そのあたりのことをじっくり見きわめるようにすればいいわけです。

同棲中に、相手の長所や短所をじっくり見ておけば、実際に結婚してから「こんなはずじゃなかった」と後悔することもありません。また、相手の欠点がどうしても嫌だと思ったら、同棲を解消して別れればいいわけです。

現在は、昔のように女性に対して処女性をあまり求めなくなりました。けっこうな世の中になったものです。ですから、たとえ、同棲の結果、別れたとしても、あまり深刻に悩む必要はなく、人生のいい勉強をしたと思えばいいのです。結婚してから別れるより、同棲の段階で別れるほうがキズは浅いと思いますし、やり直しもしやすいでしょう。

そして、その体験は次に恋愛をしたときに、かならず生きてくるはずです。外国では、若いカップルに同棲を積極的に勧めるところもあると聞いています。

〝試験結婚〟は、現代女性の知恵

同棲をしてみて、「この人しかいない」と思えたら、はじめて結婚という形式に進む、というこの方法は、たいへんに合理的で、失敗も少ないと私は思うのですが、いかがでしょう。

ただ、同棲中は、妊娠しないようにだけはきちんと注意していただきたいのです。

いまは、いろいろな避妊法もありますから、そうした知恵を十分に生かし、妊娠中絶だけは体に悪いので、避けるようにすることです。

とにかく、子どもができたから結婚する、というのでは、相手を見きわめるための〝試験結婚〟の意味がありません。また、無責任に子どもをつくっていいというものでもありません。子どもは、結婚という手続きをきちんととってから産むべきでしょう。そして、産んだ後は、親としての責任をはたしてほしいのです。

結婚を控えた若い人たちには、このような〝試験結婚〟を勧めると同時に、積極的に遊ぶこともお勧めします。

私の父は放蕩者で、母をずいぶん泣かせました。娘時代には、こうした父を私は許すことができなかったのですが、最近になって、父が放蕩した気持がやっとわかるようになりました。父には青春がなかったのです。

十九歳で十七歳の母と結婚。子どもが生まれると、家業の呉服屋をまかされ、若いころには遊ぶ暇がなかったのです。それが、結婚にも仕事にも余裕が出るようになると、いっきょに「青春に目覚め」てしまい、青春を取り戻すために遊びくるったわけです。

若いうちに思いっきり遊んでおかないと、この父のように、後になって不幸なことが起こりかねません。もちろん、遊びといっても、お酒を飲んだり、セックスにふけるなどというのではなく、旅行をしたり、スポーツを楽しんだり、音楽や文学に親しむなど、自分を磨けるような遊びです。そんな楽しみを知ったら、「何がなんでも結婚」といった、結婚だけに縛られる人生がきっとバカバカしくなります。

まず、「今」を大切にし、結婚を考えるような対象が現われたら、試験的にいっしょに暮らしてみる――これこそ、現代女性に与えられた知恵のように思うのは私だけでしょうか。

◇結婚、結婚と、男に迫るだけが能じゃない

私は結婚に向かなかった女でしたが…

女の幸せは結婚だということはまえにもいいましたが、だからといって、何もかも男性にゆだねて、自分の主体性を見失ってしまうようでは考えものです。

私に言わせれば、女性はあまり賢くてもだめ、あまり愚かしくてもだめで、それなら良妻と悪妻のどちらがいいかといえば、私は悪妻を選びます。悪妻というのは「悪い女」というのではなくて、ちゃんといいところが混ざっていて、そしてすこし悪いという女性です。あまりに良妻だと、息苦しいような結婚生活になってしまうこともあるのです。

では、こんなことを言う私自身はどうかといえば、これはもう、みごとに妻失格でした。私は飽きやすい性格ですから、とうてい結婚に向く女ではなかったのです。

しかも、家事は苦手なほう。とくに、料理はまったくだめです。今も、料理は、いっしょに住んでいる妹にまかせっきりです。その妹が日曜の朝は教会へ行くので、その朝はトーストばかり食べています。パンもなにもないときは、果物だけ食べて、お腹をすかせて妹の帰りを待っているありさまです。

とにかく女としては落第。娘も母が育ててくれました。

娘の父親は、私がそれまでに出会ったどの男とも違うタイプの、魅力的な銀行マンでした。私は彼と結婚の約束をしていました。約束をしてまもなく彼は中国へ赴任することになり、運命の皮肉といいましょうか、中国で病死してしまったのです。私のお腹には、彼との愛のかたみの娘が宿っていました。私はお腹の子どものことを母親に相談しました。

母とは十七歳しか年が違わないので、どんなことでも友だちのように話し、相談していましたが、母は私の話を聞くと、

「生みなさい。私が育ててあげます」

と胸をたたいてくれたのです。

実際、私は母と娘の生活をささえて仕事をしなければならなかったのですから、娘には、なかなか母親らしいことがしてやれませんでした。

地方公演のために、家にいられないことも多かったのです。私の娘は、母が育ててくれたようなもので、私にとってはほんとうに頭のあがらない、尊敬すべき女性でした。

それ以前に、私は結婚生活を解消していましたが、この離婚のときも、母親には頭があがらないなと思ったものです。


元来、私は拘束されることが嫌いな女ですから、離婚するときも、自分で決めて、

「明日、家に帰ります」

と宣言して、翌日さっさと母の家に帰りました。物には執着しない性格ですから、結婚生活の終止府を打って家に帰ってきたときも身ひとつという身軽さでした。私が買ったピアノも、家財道具も、すべて置いてきました。

そんな私を迎えてくれた母が、私になんと言ったと思いますか。

「はい、お帰りなさい。お腹すいたでしょ、お寿司にする?」

とそれだけです。どうして別れたとか、荷物はどうしたとか、いっさい言いませんでした。

何をしても自覚と責任があればいい。それで困ったら相談にのってあげる、というのが母の方針でした。何をどうしろというようなことは言いませんでした。自分で考えればいいというわけです。それにしても、娘が離婚してきても、すこしもあわてず落ち着いていた母は、わが母親ながら、ほんとうにたいした女性だと思います。

別れ上手になるのも、男と上手につきあう方法

そんなわけで、私ははたから見ると、男運はけっして良いほうではなかったのですが、いつでも自分を見失うということはありませんでした。ですから、よく人から「あなたは、別れ上手ね」と言われたものです。自分でも、たしかにそうだと思います。

これまで、何度か恋愛体験がありますが、別れるときはいたって簡単で、「さようなら」の一言で終わります。もちろん別れの涙など流したことはありません。泣

いていたのは、いつも男のほうでした。

いつも、私のほうから別れ話を出し、一度別れたら、未練たらしくグズグズとつきあうようなことはしません。別れたら、もうよいお友だち。別れたあとで偶然会ったようなときは、

「まあ、どうしているの。元気？」

と、なんのわだかまりもなく、あいさつをかわす仲になっていました。

このように、〝うまく別れるコツ〟は、言葉を荒立てないで静かに話をつけることです。きちんと説明しながら、じっくり話せば、たいていの人はわかってくれるものです。このとき、絶対に感情的になってはだめです。感情的になってしまうと、話がこじれるだけですから。

うまく別れるには、それとやはり、ものにこだわらないことでしょうね。私はあんなに尽くしたのになどと言っていると、やはりうまくいきません。過去のことは過去のことと、さっぱりあきらめることも必要です。

こんな体験から思うに、今の若い女性は、男性とのつきあい方があまり上手ではないような気がします。高望みもよくありませんが、自分の安売りも、してほしくありません。

たとえば、恋人とつきあいだすと、すぐに「結婚」を口にする人。これはだめです。男性というのは「奥さんにしてくれ、奥さんにしてくれ」と迫られれば迫られるほど、逃げ出したくなるものです。

ましてや「結婚してくれなきゃ死ぬ」とか「捨てないで」などという言葉は、絶対に言っちゃいけません。そう言われて結婚する男はまずいないでしょうし、たとえ結婚できたとしても、すぐに飽きられるのが関の山です。

とくに、最近は、若い女性が中年の男性にあこがれ、不倫の関係になるケースがけっして少なくないようですが、妻子持ちの男性と恋をしたからといって、その男性が自分に本気になってくれたなどと錯覚していると、大ヤケドをしかねません。奥さんと別れて自分と結婚してくれるだろうなどという期待は、しないほうがましです。妻子のある男性というのは、なんだかんだといっても、最後には奥さんのところに戻っていくことがほとんどなのです。

恋は男と女の駆け引き、と昔から言われますが、まったくそのとおりです。私は自分から燃え上がって、それが一方的であっても思いを通すタイプ。つねに自分が主体なのです。こういう恋愛がベストとは思いませんが、頭を使って、自分を見失うことなく、恋を実らせてほしいと思います。

◇家事ができても、女らしいとはいえない

かたどおりに家事をこなすより、女にはもっとたいせつなものがある

さて、ここで考えなおしてみたいのが、「女らしさ」ということです。女らしいということの中にはいろいろな要素がはいってきますが、家事ができるということも、その中にはいると思っている人がいるのではないでしょうか。家の中のことが

ひととおりできないと、女としてはちょっと困るというわけです。

そうしたことからいうと、私は失格かもしれませんね。「料理は盛りつけだけが得意」という「生活オンチ」です。


ひと通りのことは母親から受け継いで知っていますが、とはいうものの、料理、裁縫など、ごく当たり前に女の役目になっているものは、からきしだめといったほうが正解です。まず、家事をやってみようという気がなかなか起こらないのです。ときどき「はずみをつけて」台所に立ってみることがあります。ところが、いざ台所に立つと、なぜか怖いんです。やりつけないということは、どうしようもないものです。当惑したあげく、結局その場から逃げ出してしまいます。

裁縫にしても、これは女学校の時代から大の苦手でした。縫いものの宿題はみんな母にやってもらっていました。だから、点数だけはよかったものの、実際はまるでだめ。針をこの手に持った経験はありません。

だいたい、ミシンが怖いのです。ダダダーと動かしているうちに、自分の指まで縫ってしまいそうな気がして、いまだにミシンを見ただけで、ゾーッとします。まあ、私はミシンに限らず、機械類がほとんどだめで、掃除機などもどうも苦手「キカイ音痴」ですが…。

こんな家事はまるでだめな私ですが、だからといって自分が、女らしくないと思ったことはありませんよ。それとは真逆の、家事はひととおりこなすけれど、変にナヨナヨしたり、自分の意見を持たず、すべて男まかせ、という人が女らしいかといえば、けっしてそうではないでしょう。

「女らしい魅力」とは、たとえば、お皿の縁に手をかけて料理を運んだら、それを食べる人がどういう気持になるかわかる。民宿に泊まったら、お客意識をまる出しにするのでなく、泊めてくださる方の気持も察する――など、くり返しますが、人の立場に立って考えることができるということ行いから生まれてくると思います。

人の立場に立つことができれば、ぶっちょう面をしていたら相手に不快感を与えるということもおのずと気がつくでしょうし、相手のために何をしたらいいかということもわかるでしょう。つまり、愛嬌もあれば、気転もあるという〝いい女〟になれるわけです。

◇結婚式に〝ミエ〟をはるのは、だれのためですか

盛大な結婚式をあげて、すぐに別れたマザコンカップル

私の生まれ育った青森には、「三振り」というおもしろい言葉があります。まず、いい格好をすることを「いい振りこき」。金がないのに、ある振りをする「ある振り」。そして、知ったかぶりの「知った振り」。これで「三振り」です。突っ張りと見栄がいっしょになったようなものですが、最近の結婚式では、この「三振り」がたくさん見受けられます。

昔は、結婚式はごく内輪でやったものです。スターとか一般人とかに関係なく、多くの人は自分の家で行なったものです。地方はとくにそうだったと思います。結婚式ばかりでなく、法事なども、家の中の襖を取り払って広間にし、出席者の数に

そなえたものです。そこに集まる人びとは素朴で、人間としての触れ合いがありました。

ところが、最近は結婚式というとじつに豪華なものです。このごろの結婚式にかけるお金は平均で五百万円くらいとか。芸能人がテレビ局などとタイアップして、一億だの三億だのという金額競争のような結婚式を挙げているのに影響されているのでしょうか。

じつにバカバカしい風潮です。しかも、費用のほとんどは親が持つというではありませんか。いったいだれの結婚式なんですか。

なんと、サラ金からお金を借りて結婚式をする人もいると聞いて驚きました。ちょうどその日に、有名スターが挙式した教会が空いたから、急遽、お金を借りてやったということです。借金してまで結婚式を挙げることはないと思うのですが。

そうでなくても今の結婚式は、有名なホテルを借り切って、ドライアイスの煙が出てきたり、ゴンドラが出てきたり、何度も何度もお色直しをしたり…。

私など、驚くよりあきれるばかりです。そんなつまらないことにお金をかけるのは、ほんとうにばかばかしいことだと思います。

結婚式など挙げなくても、幸せにやっているカップルはこの世間にはたくさんいます。こういう人たちは見栄もはったりもありませんから、ごく自然に心豊かな生活を送っています。

盛大にお金さえかければいいというのは、見栄以外の何ものでもありません。〝三振り結婚式〟とでも名づけて笑いたいところです。結婚はお金をかければ長持ちするというわけでもないし、お金をかけた分だけ幸せになれるわけでもありません。

こんな話を聞いたことがあります。

「すごい結婚式だったわねえ」

と羨ましがられるような盛大な式を挙げて、さっそうと新婚旅行に出かけたのはいいのですが、初夜のベッドで、さて、というとき、男性が急にこう言い出したそうです。

「ママのところへ帰りたい」

このカップル、新婚旅行から帰ってきて、即、破談になったことは、いうまでもありません。

"見栄婚式"に使うお金があったら、結婚後に使え

そんな豪華な披露宴をやるお金があったら、結婚後に使えばいいと思います。新しい人生をスタートさせるのに、どれほど有効かわかりません。見栄を張って使うお金は、親バカと同じ「バカ金」「死に金」です。

親がこんな間違ったことを許しているのですから、子どものほうだってバカになって当然です。最近の若い人にはおかしなことが多々ありますが、こんな親に育てられているのでは、いちがいに若い人ばかり責めるわけにはいきません。「くだらないことを考えるな！」と一喝する親はいないものでしょうか。

いま年ごろの子どもを持つ親の世代というのは、戦争で食べるものもなかった、いわゆる「飢餓世代」。自分の苦労を子どもだけにはさせたくないという思いが強いため、簡単に物を買い与えたり、甘やかす傾向にあるのではないでしょうか。オー

トバイが欲しいといえば、買ってやり、自動車が欲しいといえばお金を出すといった具合。結婚式の費用を親が出すというのも、この感覚の延長線上にあるのでしょう。

でも、そういったことにムダに使うお金があったら、困っている人のために寄付でもしたほうがよほど役に立つし、子どもの教育のためにもいいと思います。外国では、力のある者が力の弱い者のための援助を当たり前のこととしてやっています。まず世のため、人のため、それから自分の家庭のことなのです。

日本人は、これほど豊かになりながら、世のため、人のためということをしません。これはやはり島国根性からきているのでしょうか。

日本にボランティア精神がなかなか根付かないというのもうなずけるような気がします。ですから、若い人たちは心のないまま育ってしまうのです。もっとも、私が「心の問題。心が大切」などというと、「心ってどんなものか見せてくれ」という人がいるくらいですから、いまの世の中はおして知るべしです。

◇子育てがいやなら、結婚するのをやめなさい

「お母さん、こんどお嫁に行くときは私も連れてって」

このごろ、子どもをつくらない若い夫婦が増えているそうです。子どもができると経済的に苦しくなる、というのはまだわかるとしても、子育てはわずらわしいし、子どもにしばられると自分たちの生活がおもしろくなくなる、といった、私からすれば、訳のわからないことを言うカップルが多くなっているといいます。

おそらくこういう夫婦は、セックスを快楽の手段としてしか考えていないのでしょうが、なぜ、こういう人たちが結婚という形をとるのか、私にはわかりません。

結婚すれば妻になり、子どもを生んで母になるのです。妊娠できない体の人を除いて、結婚と子どもをもつこととは同じ意味をもつといっていいと思います。

いつまでも遊んでいたい、というのなら、わざわざ結婚などしないで、恋人のままでいればいいのです。

私がこんなことをいうのも、私自身の苦い体験があるからです。まえにもお話ししたように、私は結婚に失敗した後、生涯でただ一度の激しい恋をして、娘を身ごもったのです。ところが、結婚を約束した男性は病気であっけなく亡くなりました。

娘は、生まれる前から父親の顔を知らない子でした。

娘が生まれてからも、私は仕事に忙しく、母親らしいことは何ひとつしてやれませんでした。子育ては、私の母にまかせっきりでした。私は仕事柄、地方に出ることが多く、それも一カ月まるまる家を留守にするような旅ばかりでした。そんな私を、幼い娘は母親として認識できなかったのでしょう。たまに顔を合わせると、

「あなた、どこの人？」

などと真顔で言われたものでした。

仕事だけでなく、戦後のやぶれかぶれな気分から抜け出せなかった私は、浮気をして長く家を空けていたことがあります。男と暮らすために別に家を構えていたのです。このことは、娘に対する罪のなかでもいちばん大きな罪でした。私の身勝手な行動に、娘は小さな胸を痛め続けていたのでした。

ある日のことです。久しぶりに娘のいる家に帰り、ひとしきり娘の相手をした私が帰ろうとすると、玄関まで見送りにきた娘が、私の耳元でこう小さくささやいたのです。

「こんどお嫁に行くときは、あたしもいっしょに連れて行ってね」

娘のその言葉は、鋭いキリのように私の胸を突き刺しました。

母親らしいことはなにひとつしてやらないで、いい気になって自分の楽しみばかりを追っていた私でしたが、そんな私でもまちがいなく娘にとっては母親だったのです。娘にしてみれば、自分の母でありながら、母でないというもどかしさを、どんなにせつなく思っていたことでしょう。

私は、その場に立ちつくして、唇をかみしめたまま泣きました。

「こんなことをしていちゃ、だめだ」そう思った瞬間、男との同棲をやめることを決心していました。娘の、あの一言が私の人生の転機になりました。男の元へもどった私は、その場で同棲を解消しました。そして翌日、私は娘の待つ「帰るべき唯一の家」へ帰っていったのでした。

女にとっては、子どもの存在ほど大きなものはありません。それからの私は、男にかかわるのを極力避けるようになりました。娘のおかげで、男という〝女にとって最大の関所〟を通り抜けることができたのでした。

仕事場に乳児を連れてくるのが、新しい女の生き方!?

子どもというのは、このように一個の独立した人格として、親である大人にとっても貴重な存在として成長していくのです。

では、逆に、子どもができたら場所柄も考えずにかわいがりすぎるのは、どうでしょう。こちらも、私は問題があると思います。

たとえば芸能界でも問題になりましたが、楽屋まで子連れでくるという、あのやりかたです。あれはいけません。楽屋は保育所ではありません。

自分では、「子どもが小さいうちは、親とピッタリ離れないで教育しなければならない」と思っているらしいのですが、何もわからないまま連れ歩かれる子どものほうこそ、いい迷惑だと思います。自分では子どものためと思っていても、ほんとうに子どものためになっているのでしょうか。

そもそもスターとは、美しい姿をいつも見せて、多くの人に夢を与えなければならないわけです。それを、あたり構わずオシメを取り換えたりしていては、スターとはいえません。ぬかみそ臭い人の歌なんかだれも聞きたくありません。

それに仕事場で、他人の子のオシメを取り換えるところなど、見せられるほうも迷惑というものです。ふつうの会社でそんなことをしたら、許されるどころか、クビになるのではないでしょうか。

ほんとうに子どもを育てたいのなら、何年か仕事は我慢すべきでしょう。できれば、結婚した時点で引退すべきだと、私は思っています。

結婚して子どもも生みたい、でもスターの座からも降りたくない、といっても、しょせん、それは無理な話です。たしかに仕事と家庭を両立させている人はいます。しかし、そういう場合、おそらく仕事に全力を傾けていないと思います。

もしくは、家庭生活のほうの手を抜いていると思います。仕事がすべての人には、子育てまで両立させるエネルギーはないと思うからです。またそうでなければ、人生を賭けるような仕事はできません。

子育てのあいだは、女であることを忘れなさい

私は芸能界に生きる人間ですから、つい〝業界〟の話になってしまいますが、いまは、普通の奥さんたちでさえ、子育てを軽くみている人が多いような気がします。というよりも、子どものことより自分のことに関心が強い人が多いと思われます。たとえば、子育てのために家の中にしばりつけられていると、自分がダメになってしまうといって外にばかり出たがる人。子どもを置いて、自分だけ遊びにいってしまう人。こういう人たちみんなおかしいと思うのです。

趣味のテニスを楽しむのもけっこうですが、一部の主婦のあいだでは、それを単なるスポーツとして楽しむのではなく、自分の〝女の部分〟を強調する「道具」として考えている人もいるそうです。

たとえば、練習の帰りに、テニス用の短いスカートをはいたままで、わざわざスーパーで買物をしたり、お茶を飲んだりしている人がいるのだそうです。要するに、「自分にはこんなに魅力があるんだ」と見せびらかしたいのでしょう。

子育てに一生懸命にならなければいけないときに、そういうふうに〝女〟を見せびらかして、いったいどうする気なのでしょう。

女性は、結婚したら、妻であり、母にならなければだめです。自分が遊びたいのなら、子どもが大きくなるまで待ってください。女がほんとうに自由になるのは、子供が一人前になる四十歳過ぎくらいからでしょうか。

でも、それからでもけっして遅くはありません。それまでは、自分が生んで世の中に送り出した子どもを、責任もって育ててください。

私のように、子どもにつらい体験をさせるような、そんなことだけはしないでいただきたいのです。

◇子どもにクラシックを聞かせる母親になってほしい

クラシックは、美しい心を育ててくれる

私は演歌が嫌いです。理由は、演歌がもつ貧乏臭さにあります。「貧乏臭い」とは、「精神の貧しさ」「もの欲しげな心」のことです。

私が演歌に対してもっているイメージは、演歌師につながっています。昔、演歌を唄うのは、ものごいでした。ヨレヨレの昆布色になった木綿の紋付きに、汚い袴、高下駄はいて、これもヨレヨレの帽子をかぶり、人の集まる公園とか広場などで、腐ったようなバイオリンをキコキコ鳴らしながら、世の中のことを風刺した歌を唄って、お金をもらっていたのです。こういう人たちのことを演歌師といったのです。

私が演歌は音楽ではないといっているのは、こうしたイメージもあるのですが、音楽としてみても、演歌は美しくないのです。

ほんとうにいい音楽は、人の心を動かします。私の独断かもしれませんが、私は、演歌や、飛んだり跳ねたりのロックなどでは、人間の心は育たないと思っています。

そこで私がいま提唱したいのは、子どもが産まれたら、幼児期からクラシックを聴かせるということです。クラシックやセミクラシックを聞いて育った子と、演歌を聴いて育った子は、成長してからまるで違います。生活環境まで変わってきます。

音楽の好みで人が変わるのか、と思う人もいるかもしれませんが、これは長年、音楽に命を賭けてきた私の信念のようなものです。実際、子どもにクラシックを聴かせることによって、自然に質の高い教育が身についていきます。

これはインテリジェンスの問題かもしれませんね。

子どもに聞かせるまえに、母親がクラシックを好きになってください

クラシックを子どもに聴かせるように勧めながら、一方で私は、かなり悲観的な気分にもなっています。

あるお母さんたちの会合でのことです。いつもの調子で、

「子どもさんには、生まれたときからクラシックの美しい音楽を聴かせてあげてください」

といったところ、ひとりのお母さんが吹き出したのです。

「あんなもの聴かせても、何の役にも立ちませんよ」と、その女性はいうのです。

「どうしてですか？　美しい音楽を聴けば、子どもさんがそれで美しい気持になって育っていくのですよ」

私がこういうと、そのお母さんは、こう切り返してきました。

「クラシックって、私には念仏に聞こえます。子どもに聴かせるなら演歌です」

趣味の違いはどうしようもありませんが、いまは童謡を歌って聴かせるお母さんも少ないと聞きます。このごろは、あこがれとか美しいものに対する情熱がありません。ですから、ロマンチックなメロディというのも理解できないのでしょう。音楽に対して無に近い状態にいる子どもを、興味をもてるところまで引き上げてやる。これが親のつとめでもあると思うのですが、いかがでしょうか。

せめていまの若い女性、これから結婚して母になる人には、ぜひクラシックのきれいな曲を聴いて、クラシックを好きになっていただきたいのです。

◇あなたは、子どもを叱れる母親になれますか

子どもを叱るのを恐れていたら、子どものためにならない

私は、いまは亡き母を心から尊敬しています。母は、十七歳の若さで、青森一という呉服屋に嫁ぎ、十八歳で私を、その二年後に妹を生みました。父は、放蕩者で、そのために母は、大店の中でたいへんな苦労をしました。

母が父と別れ、家を捨てて私と妹を連れて上京したのは三十三歳のときでした。目黒の祐天寺の近くに小さな家を借りて、私たち三人の東京での生活が始まりました。

母は夜遅くまで仕立て物の仕事をして、私たちを学校にやってくれたのでした。私たち姉妹は、貧乏のどん底を味わいながら、しかし、希望を胸いっぱいにして生きていました。どんなときでも笑顔を絶やすことのない母の明るい性格が、暗くな

りがちな生活を希望に変えていたのだと思います。

愚痴をこぼす母を見たことはありませんでした。私たちに母が言うことといえば、「責任をもって行動しなさい」この一言でした。もちろん「勉強しなさい」とは一度も言われたことはありませんでした。


いまのお母さんは、「勉強、勉強」とやかましく言いすぎるのではないでしょうか。その反面、子どもを本気で叱れない人が多いようです。叱ったり、注意したりすると、子どもに嫌われるのではないか、と恐れているのです。

でも、自分の子どもに遠慮するなどというのは、もう正常な親子関係ではありません。親を嫌いになるようなダメな子どもなら、嫌われたっていいではないですか。

自分の子どもに、はれ物にさわるようにして接している家庭がありますが、ある教育家がいうところによると、登校拒否や家庭内暴力など、心に病を持った子どもというのは、多くの場合、親が構い過ぎる傾向にあるといいます。悪いことをしたら、たまにはひっぱたいてやることも、子どもには必要なことだと思います。

とにかく、訳のわかったような顔をして、いい親ぶっているのが、真の愛情ではありません。厳しいところは厳しく、やさしいところはめいっぱいやさしい、そんな子育てがいちばんでしょう。

「勉強しなさい」と言わなかった私の母の教育法

子どもに勉強を押しつけてばかりなのも気がかりです。人間はかならずどこかひとついいものを持っています。どうしても勉強が嫌いなら、その子の持つ長所を伸ばしてやればいいだけのこと。親は、その手助けとして子どもの選択を認めてやればいいのです。勉強の成績だけに、親子ともどもしがみつくことはないでしょう。

私の母も、よく突き放すようないい方をしました。

「勉強したくなかったら、しなくていいのよ。あとで、あなたが困らなければいいんだから」

こんなふうに言われたら、心細くなって「いけない、勉強しなくちゃ」と思うわけです。その点、私の母は、じつに叱り方が上手でした。

勉強のこと以外でも母は、私に対して寛容でした。信頼してくれていたのだと思いますが、私が何をしても一切、干渉はしませんでした。

青森から上京して音楽学校に編入したときもそうでした。私は母に勧められたとおり声楽科を望んだのですが、学校側の指示で、まずは基礎を勉強するという意味で、ピアノ科へはいることになってしまいました。

母は、私をオペラとかリードとかの声楽家にしたいと望んでいたこともあり、私のピアノ科編入にはいい顔をしませんでした。でも、母は、いったん決まったことにぐずぐずいう人ではありませんでした。

「とにかく勉強してください」と、一言いうと、後はそのことにはまったくふれませんでした。

話は前後しますが、青森の女学校時代も、母は私のすることには干渉しませんでした。私にはあねご肌のところがあり、女学校のときには、グループをつくって気に入らない教師をボイコットする先頭に立ったり、着物と袴の時代にヒールの高い靴を履いて学校に行ったりしましたから、いつも校内では「要注意人物」でした。

ずいぶん非難もされましたが、母はそんな私を黙って見守っていてくれました。自分のしたことには責任をとらせるが、あとは本人の自主性にまかせる。教育とはこのようなものではないでしょうか。

強制的に「勉強しろ」とか「一流校に入学しろ」といっても、子どもは横道にそれるだけです。仮りにそういう方法で親の思いどおりになったとしても、その子どもはいつまでたっても自立できないでしょう。

現に、いい大学といわれている学校を出ても、社会的にろくな人間になっていない男女はたくさんいます。以前、慰問した刑務所で感謝状をいただいたことがあるのですが、その感謝状を読みあげてくれたのは、東大卒の詐欺師でした。

あなたは、真剣に子どもを叱れる母親になれますか。

◇お年寄りを大事にする女は幸福になれる

祖母が教えてくれたこと

青森ではよく「あわだってきたことだからしょうがない」ということをいいます。「あわだってきた」というのは、生まれる前から背負ってきた、という意味です。人間の生き方はいろいろありますが、どんな人にもこの「あわだってきた」部分があると思えてなりません。

私たちを左右するもの、その人の一生を支配するのは「運」だと私は思っています。「あの人があそこまでなれたのは、日ごろの努力があったからだ」といわれる人がいますが、私は、そこまでなれたのは、それだけの努力ができるように運命づけられていたのだと思うのです。

私は毎朝、お不動様に手を合わせるのが日課になっています。信仰といえるほどのものではありませんが、拝むことで、その日一日が気持よく送れるのです。このお不動様とも、私は妙なきっかけで出会いました。

ずいぶん前のことですが、私は玉光教という宗教の教祖を訪ねたことがあります。玉光教のことは、その以前から叔母に聞いて知っていました。叔母はそこで悩みごとを払拭してもらったことがあるのです。


そのころ、あることで心に迷いが生じていた私は、叔母の体験談を思い出して訪ねてみたのでした。

私の話を聞いた教祖は、霊を呼ぶことにして、おもむろに祈り始めました。なかば好奇心を抱いて見つめていた私の前に、教祖の体を借りて現われたのは、なんと祖母の霊だったのです。私は、それがほんとうの祖母と信じていいのかどうかとまどいました。

しかし考えてみると、私は小さいころ、毎朝、裏の菩提寺へ祖母の手にひかれてお参りしていました。冬でも素足で、小さな足でちょこまかと歩きながら行くのです。お説教も祖母の横に、ちんまり座って聞いたものです。何を言っているのか、よく分からないのですが、子ども心にも何やら、うっすらとしみついてくるものがありました。

そういうことが、小さいときから祖母によって植えつけられ、神仏に手を合わせることは、ごく自然に行なっていましたから、玉光教の教祖の体を借りて、祖母の霊が現われても不思議はないのかもしれない、とそのとき考えていました。とはいうものの、あくまでも漠然としたものとして、でした。

ところが、祖母などまったく知らないはずの教祖の口から、私の過去のことや、祖母でなければ言えないことが、次々と出てきたのです。私はすっかり引き込まれて、祖母の言葉に耳を傾けました。

祖母が私を助けてくれた

教祖の口から出る祖母の言葉は、やはり青森弁で、相変わらず私を子ども扱いにしています。

「お前は子どものときから金づかいの荒い子だった。日に十銭は使っていたのだから、いまも不自由しているだろう。いま手もとに二銭しかないが、すこしでも足しになるからもっていけ」などと、私の懐具合まで心配するのです。それから、さらに意外なことを話し始めたのです。

それは戦前、私がハルピンで公演したとき、開演直後の会場で、満員の観客の重みで二階の床が抜け落ち、多くの死傷者を出した事故のことでした。

「満州で二階の床が抜けたときは、ほんとうはお前も危なかった。あのときはお前を助けたい一心でお不動様にお願いをしたものだ」

満州でのそのできごとは、もちろん教祖が知っているはずもないことでした。私はそのときのことを思い出しました。

出演時間がその日に限って変更になって、私は事故があった時間、まだホテルにいたのでした。もしいつもどおり会場にはいっていたら、被害は私にも及んだはずでした。

「私はいま、お不動様のところでお世話になって、たいへん幸せに暮らしている。お前もお不動様をちゃんと祭ってくださいよ」

と祖母は最後にそう言いました。

私は、教祖のもとを辞したその足で、知り合いの仏具店へ行きました。ただ、仏壇はあっても、お不動様の仏像はおそらく、すぐには手にはいらないだろうと考えていました。

ところがどうでしょう。まるで祖母が用意でもしていてくれたかのように、お不動様が一体だけあったのです。しかも考えていた仏壇にぴったり。仏像はすぐに教祖に魂を入れてもらい、そのときからずっと、手を合わせない日はありません。

お年寄りを大事にしない女は、自分も大事にされなくなる

このお不動様との出会いを思うとき、私は子どものころの生活や祖母を思い出し、お年寄りの知恵を感じるのです。最近は、高齢者を粗末に扱う人が多すぎます。姑はもとより、実の親の世話もしない人が増えています。

ある有名人のお母さんは、息子が死んだとたんに、お嫁さんに「出ていけ」といわれ、家を追い出されたそうです。家が建っている土地は、そのお母さんのものなのに、まったくひどい話です。

お年寄りを粗末にしていると、かならず、自分が年をとったときに同じ目に遭います。因果応報というやつです。お年寄りにひどい仕打ちをしている母親を見て育った子どもは、かならず自分の親を粗末にする人間になります。つまり、いま、親を粗末にしているあなたが、今度は子どもに粗末にされる日が来るのです。

これは世の中の原則です。ですから、逆な意味で、年寄りや親を大切にした人は、確実に幸せになれます。そういう私は、母の病気中、何も見てやれなかったことが残念でなりません。思い出すたびに、胸が痛みます。

仕事が忙しかったというのは弁解にもなりませんが、私の稼ぎで一家を背負っていかなければならなかったので、そのことが悔やまれてなりません。けっして粗末にしたつもりはないのですが、思い出すと涙が止まりません。

こんな体験から、肉親やお年寄りはぜひ大切にしてほしいと思うのです。

第Ⅱ章
あなた、それでも女ですか

◇「ありがとう」も言えないなんて、育ちが疑われるだけ

当たり前のことをしてほめられるなんて、むしろ悲しいこと

私は、これまでの人生ではかなり勝手なこともしてきましたが、あいさつだけはいつもきちんとするように心がけてきたつもりです。そのおかげで、このまえびっくりするようなことを人から聞きました。東京のあるテレビ会社の社長さんが、私のことを「淡谷のり子さんには感心した」とほめていたというのです。はて、感心されるような特別なことをしたかしら、と思い出そうとしても、何も思いあたるフシがありません。よくよく話を聞くと、なんということはない、こんなことでした。

そのテレビ局で仕事があったとき、たまたまトイレにはいったところ、お掃除の人が掃除をしているところでした。お掃除のじゃまになるかしらと気になりました

が、年寄りはなかなかがまんができませんから、
「おはようございます。ちょっとお借りしてもよろしいでしょうか」
と一言あいさつして断わったのです。私にしてみれば、ごく当たり前のことをしただけですが、そのあいさつがお掃除の人のあいだで評判になり、ついには社長の耳にまで届いたというわけです。

こんなことが話題になるくらい、いまの若い人の中にはちょっとしたあいさつができない子がいるそうです。若いタレントの中には、あいさつどころか、「ちょっと、おばさんじゃまじゃなの」とか、掃除道具をあごで指して、「これどけてよ」こんなことを言うそうです。ですから、この話を聞いた社長さんが、淡谷のり子といえば、一番えらそうにしている女かと思っていたが、だれよりも腰が低いので驚いたというわけです。

こんな程度のことでほめられるなんて、いったい世の中はどうなっているんだろうと、私としては、うれしいような、うれしくないような、いささか複雑な気持です。

にこやかにあいさつのできる女は美しい

あいさつくらいは、女性としてというより、人間として最低のたしなみのはずですが、世の中一般に、あいさつのできない人がふえてきましたね。これが芸能界となると、もっとひどいことがたくさんあります。

たとえば、人気の若いアイドル歌手といっしょになったとき、私になんかにはろくすっぽあいさつなんかしませんね。どこのおばあさんがいるかという顔で、私からあいさつしても、そっぽを向いています。そばを通るときも、「ごめんなさいね、ちょっと失礼します」といっても、フンとした態度があらわです。

でも、そうしたアイドル歌手たちも、まったくあいさつができないかというと、けっしてそうではありません。自分より上の人には、「おはようございまーす」とそれこそにこやかにあいさつして、ベタベタとごきげんをとりにかかります。

それが、自分には関係ない人にはあいさつもしない。まあ、今の若手の歌手の中であいさつもきちんとできて、歌もちゃんと歌える人がいったい何人いるでしょうか。

若い人がこうなるのも、周りの大人たちにかなり責任があります。芸能界でいえば、周りの大人が何とか稼がせようと思っておだてるんです。「ブタもおだてりゃ木に登る」といいますが、すべてそのたぐいです。

おだてられて、自分が世界でいちばん偉いような錯覚に陥り、いばりまくる。そういう人を見ると、怒りを通りこして哀れになってきます。使いものにならなくなったら、簡単にポイと捨てられることも知らないで。

若い人が間違ったことをしたら、それを叱るのが大人の役目ですが、叱ってむくれられると困るから大人も注意しない。一事が万事こうですから、歌の勉強などもしていなくて、音程もリズムも崩れっぱなし。でも本人はまったく気づいていません。


世間の若い人たちには、こんな芸能界のまねだけはしてもらいたくないのですが、どうも悪いところばかりまねているようで、私には気になってなりません。

だいいち、ブッチョウヅラをしてあいさつもしないなんて、どんな美人でも醜く見えますし、そんな女は「育ち」が悪く、ロクなものではないと思います。

もちろん、ここで言う育ちとは、たんにお金持ちの家に生まれ育った「お嬢様」

だから、育ちがいいということではありません。金持ちにも、育ちの悪い人はいっぱいいます。

にこやかにあいさつする――これは、べつにむずかしいことでもなんでもありません。むしろ、相手によって、あいさつしたり、しなかったりと区別するほうがたいへんじゃありませんか。

いつも、にこやかにしていれば、それだけで女っぷりもぐっとあがります。これはけっしてウソではありませんよ。

◇感謝する気持が、その女性を美しく見せる

私がいつも、小さなのし袋を用意している理由

私は、いつもバッグの中に、小さなのし袋を用意しています。きれいな花柄のもよう入りで、淡谷のり子のサインを印刷したものですが、これは、ちょっとした心

づけをするときに使うものです。

「心づけ」といっても、最近の若い人にはわからないかもしれませんが、要するにチップのことです。たとえば、テレビに出演して帰りにハイヤーで送ってもらったようなときなど、ちょっとお世話になったときに、たとえ千円でも、こののし袋に入れて「どうもありがとうございました」と渡すわけです。わが家では、毎年、暮れになると、ダスキンの人にも「ご苦労様」とねぎらって、心づけを渡します。


芸能界でも、すこしまえまでは、スターでなくても、ちょっと名の出てきた人なら、こうした心づけをするのは当たり前、下の人に気をつかうのが、上の人の心構えだとされていましたが、最近は、こういう習慣もすっかりすたれたようです。

ある運転手さんに聞いた話ですが、テレビ局などでクルマを出してもらったとき、かならず心づけをするのは、某女優さんと私くらいとか。

若い人たちから見ると、運転手さんやレストランのウエイター、あるいはダスキンの配達の人たちはそれが仕事であり、その仕事でちゃんとお金をもらっているのだから、それ以上、チップなんか渡す必要はないと思えるようです。

その理屈がこうじると、サービスをするのを仕事としている人に、サービスをしてもらったからといって、わざわざお礼を言う必要はないということになるらしいのですが、それはへ理屈というものでしょう。

若い人がえらそうにふんぞり返ってチップを渡すというのもイヤなものですが、サービスされて当たり前という顔をして、ろくすっぽお礼を言わないというのも、私から見ると許しがたいことです。自分のために何かしてもらったら、それに感謝するというのは、人として当然のことではないですか。

もちろん、若くて、まだあまり稼ぎのない人にまでチップを出しなさいと言っているわけではありません。若い人がチップを出すのは、それこそ十年早いんで「ありがとうございます」というお礼の言葉だけでも十分です。

先ほどの運転手さんの話にもどりますが、最近は「心づけ」や「ありがとう」という言葉どころか、テレビ局からのクルマを自分の買い物や遊びなどに平気で使う人も少なくないそうです。「自分のものは自分のもの、人のものも自分のもの」というわけです。なんと、さもしい話でしょう。

要するに、品性がいやしいんです。本人は、それで自分のお金をうかしていい気分になっているのかもしれませんが、そんなみみっちいことをしてお金をためたって、ロクなことにはならないでしょう。それに、みみっちい人のところには、みみっちいお金しかはいってこないものです。

チョコレートの箱に隠されていた真心

話がすこしとんでしまいましたが、感謝の気持ということにもどると、最近の若い女性の中にはじつに評判が悪い人が多いですね。男性がカゲでどんなことを言っているか知っているのでしょうか。

たとえば、男性とデートしてお茶や食事をごちそうしてくれても、「どうもごちそうさま」とも言わない。私がこうしてつきあってやっているのだから、ごちそうしてくれて当然でしょう、と言わんばかりの態度をとる。

三回に一回くらいは、「いつもごちそうになっているから、たまには私がごちそうします」くらい言えば可愛げがあるのに、いったい自分のことを何様と思っているのか。女性がごちそうすると言ったからといって、ほんとうに女性に金を払わせる男はいないですよ。

むしろ、男性のほうが喜んでごちそうするのに、カン違いのバカな女は、そのあたりのことをぜんぜんわかっていないようです。


そう言って、アタマにきている男性がほんとうに多いですね。まあ、私に言わせれば、男も女もどっちもどっち、男性のほうもすこしダラシがないんじゃないの、と言いたいところです。

その点、昔は粋な人がたくさんいました。私が音楽学校に通っていたころ、私の家はたいへん貧乏で、私がヌードモデルになったのも、母と妹との生活を支えるためでしたが、とにかく、学校に行く電車賃すらないということさえしょっちゅうでした。

そんな私を見かねてか、声をかけてくれる男性が、同じ音楽学校の学生の仲間に何人かいました。

「のりちゃん、お茶でも飲んでいかない？」

「私、お金がないから、行かない」

「いいよ、ぼくがおごるから」

「でも、年中ごちそうになっているから、悪いわ。たまには私だっておごってみたいじゃない」

「生意気なこと言うなよ」


こんな会話があって喫茶店に誘われ、お茶やケーキをごちそうになって、さて帰ろうというときになると、いつの間に用意したのか、彼はチョコレートの小箱などをさし出して、

「これを持って帰って、家で食べるんだよ」

家に帰って、その小箱を開けると、中に三十円、五十円というお金がはいっているのです。ああ、申しわけないと思いながら、そのお金をいただいたことが何回かありました。当時の三十円といったらちょっとしたお金でしたから、私たち家族はほんとうに助かったものです。私が音楽学校をやめずにすみ、現在があるのも、こ

うした人たちの好意があってこそと、今でも感謝の気持でいっぱいです。

感謝する気持のない女性は、顔までさもしくなってくる

その人がそんなことをしてくれたのも、やはり私にすこしは気があったからでしょうが、だからといって、それ以上のことを相手が要求してくるということもありませんでした。男が女にごちそうするのは当たり前、女がそれに感謝するのも当たり前、そういう時代でした。今どき、こんな粋なはからいをする男性も、なかなかいないでしょうがね。

その点、今の男性はいささかスケールが小さいと思うこともあるのですが、それにしても、男性からごちそうになって、感謝やお礼の言葉も言えないなんて、女性のほうがもっと悪いといえます。

だいたい、おごられて当たり前なんて、男性にたかっているのと同じじゃありませんか。男にたかるなんて、商売女のすることですよ。

私にしても、相手の好意は素直に受けましたが、相手の人にたかる気持はまったた

くありませんでした。いつもいつもごちそうになったり、お金の配慮までしてもらうのは、たいへん心苦しかったのですが、相手の好意に感謝する気持だけは、いつも忘れずにいたつもりです。

考えてみても、ごちそうをしたり、プレゼントをあげても、ろくに感謝もされないのでは、相手も不快な気分になるだけでしょう。それでは、どんなに好意を抱いていた女性でも、やがてイヤになるのが自然の成り行きというもの。感謝する気持のない女なんて、そのうち男性から相手にされなくなるのがオチというものです。

たとえ、自分がフランス料理を食べたいと思っていたときに、男性が連れていってくれたのは赤チョウチンだったとしても、相手がごちそうしてくれたのなら、それに対してお礼はきちんと言うことです。

それを、やれ「センスの悪い男だわ」だの「ケチくさい男ね」なんてふくれるのは最低です。そんなとき、女はいちばん醜くなります。

そんなにいやなら、ごちそうにならなければいい。男にたかるなんてさもしいことを考えるから、顔までさもしくなってくるのです。

◇やさしさは、相手の立場がわかるところから生まれる

「あんた、淡谷のり子でしょ。サインしてよ」、これではサインもできません

若い人たちばかりではありません。最近の中年の人たちの図々しさには、ほんとうにへきえきします。とくに大勢集まっているときは最悪です。私が空港で飛行機を待っているときでした。

「ちょっと、ちょっと、あれ、淡谷のり子じゃない。サインしてもらいましょうよ」

と言って、私のところへ来るのはいいのですが、その後がいけません。

「ちょっと、サインしてよ」

いい年をした人がこうなのです。「サインしてください」ではないのです。人にものを頼む言葉ではありません。そのうえ、

「鉛筆ある？　書く物ある？」と、こうきます。

どんな団体の人たちかは知りませんが、中年の女性が何人か集まると決まってこうです。常識も何もあったものではありませんが、不思議なことに、ひとりだと絶対にこんなことは言わないのです。

普通、育ちのいい人は、サインなどねだりません。私が空港ロビーで腰を掛けていれば「疲れているのではないか」と気遣ってくださるのでしょう。ところが、中年グループにいたっては相手の立場を考えるどころか、先ほどのような態度を平気でとるのです。そして、ほとんどが私を呼び捨てにします。

「ちょっと、あなた、淡谷のり子でしょ」

いったい、人をなんと思っているのでしょう。私は見せ物ではありませんが、聞かれれば答えないわけにはいきません。ですから、

「はい、淡谷でございます。何でございましょうか」

こんなときは、わざとていねいに言うことにしています。

先だっても、こうした中年女性のあまりの無遠慮ぶりに腹が立ったものですから、「人にものを頼むときは『何々してよ』って言うものではないんじゃないでしょうか。

『何々していただけませんでしょうか』ってどうしておっしゃれないんですか」と、つい言ってしまいました。すると、相手はどう答えたと思いますか。ゲラゲラ笑ったあげく、「あんた、説教すんの？」

こんな非常識な人にお説教しても、それこそムダなことと悟りました。

若い女性には見ならってほしくない非常識な母親たち

こんなこともありました。ある中年の女性が紙きれを持ってきて、

「ここにサインしてよ」

色紙やノートなどにサインしてくれというなら、まだ話はわかりますが、鼻紙のような紙きれを出すなんて、非常識もはなはだしい。私は、その紙きれを横にあったクズかごにポイと捨てて、

「こんなものには、サインしたくありません。もっとちゃんとしたものを持っていらっしゃい」

こう言ったら、そのご婦人、プーッとふくれて行ってしまいました。こんなことを言ったりするから、淡谷のり子は生意気な女だと言われるのでしょう。しかし、

いくら相手がファンだからといって、そんな不作法まで許す気にはなれません。

同じ中年でも、女性よりもまだ男性のほうがきちんとしています。サインを頼むにしても、

「お疲れのところをすみませんが、サインをお願いします」

とちゃんとていねいな言葉づかいです。

「お疲れのところをすみませんが……」

こう言われれば、どんなに疲れていても、私もサインをしないわけにはいきません。喜んでサインをさせてもらいます。

それにしても、先にお話ししたような非常識なサインの頼み方をしてくるのが、全員、四十代、五十代の人たちなのですから、私も首をかしげてしまいます。

もっとも、私のサインをほしがるのは、こうした年配の人たちばかりで、若い人はほとんどいませんから。ですから、若い人がサインを頼むときはどうしているのか、私はよく知りませんが、四十代、五十代の女性といえば、ちょうど今の若い女

性の母親の年代にあたる人たちです。

今の若い女性の行動には、眉をひそめることがあまりにも多いのですが、こうした非常識な母親に育てられたのなら、悪いのは本人だけではなく、おそらく常識を教えられずに育ったのだろうと、思わずにはいられません。

色紙の裏表もわからなかった〝名流〟の奥様たち

サインがらみでいくつか思い出したことを話しますと、いつだったか、あるクラブの会員の奥様がたには笑ってしまいました。

「あの、ちょっとサインしてくれるかしら?」

と、色紙を用意してきたまではよかったのですが、なんと、その色紙を裏返して差し出したのです。今の人たちは、色紙の表も裏もわからないのでしょうか。私がその色紙を表に返してサインすると、その人はこう言ったものです。

「あ、ちょっと、それ、裏じゃないの。色紙の裏も表もわからないの」

私も頭にきて、

「いえ、色紙は白いほうが表で、字はこちらに書くものなんです。私の言っていることがうそだと思ったら、どこへでも行って聞いていらっしゃいませ」

とやり返しました。色紙は、きれいな柄のある、あのチカチカ光っているほうが裏なのです。

そのクラブは、比較的お金持ちの人たちが集まっていて、その奥様にしても、ご主人がお金持ちだということを鼻にかけているようなところがあり、何でも光ったものがお好きなようでした。口のきき方といい、態度といい、ご主人ともどもあまり育ちのいい方ではないとお見受けしました。

ちなみに、色紙には天地があります。このことも知らない人が最近では多いようですね。

これまた、ある奥さんが色紙を出したときに、その色紙の天地がちょっとわかりにくかったものですから、確認するためにも、

「こちらが天ですね」と聞いたところ、

「はあ？　そんなのどっちでもいいですから、早く書いてください」

「でも、後に残るものですから。上下ひっくり返したまま書いたら、私が笑われますから、ちゃんと確かめておきたいんです」そこまで言っても、

「あら、そう」天地のことなど、まるで気にとめていません。そこで、私もおせっかいを承知で、

「色紙に模様がついているのは天と地がありまして、こちらが上、こちらが下になります」

とていねいに説明しました。すると、その奥さん、

「あ、そう、知らなかったわ、そんなこと」

これで、あっさり終わりです。私は親切のつもりで言ったのですが、相手にはとんとそれが伝わらなかったようです。私のような歌手から、ものを教わろうという気もないのでしょう。

たしかに、歌手は歌を聞かせればいいのであって、人にものを教える立場にはありませんし、色紙の裏表や上下を知っているからといって、そういばれたことではないかもしれません。

しかし、八十歳になる年寄りが言っているのですから、すこしは聞いてくれるふりをしてくれてもよさそうに思うのですが、どうでしょう。

いい家に住む奥様たちが、色紙のことを知らなくても、まあ、しかたないことかもしれませんが、聞くときの態度に大きな問題があるように私は思うのです。

相手の立場がわからなければ、思いやりややさしさも生まれてこない

いずれにしても、こうした非常識なサインの頼み方をするような人たちに共通しているのは、「相手の立場に立つ」ということが、まったくできないということです。すこしでも相手のことを考えれば、流行歌手だって人の子、面と向かって呼びつけにされれば不愉快に感じるということはすぐわかるはずですし、せっかく色紙にサインするなら、きちんとしたものをお渡ししたいという気持もわかるはず。

そういうことを理解できないような女性には、相手に対する思いやりや、やさしさ、心づかい、気転などを求めても、無理な注文かもしれませんね。

これが若い人になると、もっとわからなくなるようです。たとえば、若い人たち

のあいだで流行しているウォークマンですか、耳にイヤホーンをして音楽を聞くカセットテープレコーダーですが、カシャカシャともれてくる音がじつに不愉快です。あの耳ざわりの悪い音をそばで聞かされるのは、私にとっては死ぬほどつらい。

でも、隣で嫌な顔をしてもまったく知らん顔。「ボリュームをさげるか、やめてください」と言っても、キョトンとしています。ヘンなばあさんがヘンなことを言っているとしか思わないようです。自分の出す音が、ひと様に迷惑をかけているなんて、まず思ってもみないことなのでしょう。

どうせ、ロックか何かを聞いているのでしょうが、好きな音楽を聞いて、自分さえよければ、まわりのことなどまったく考えていないのです。ですから、こうした人に、「相手の立場に立ってみなさい」とか「立場を変えて考えてみたら」と言っても、いっこうに話が通じません。自分は自分、人は人というのでしょうか、「相手の立場に立つ」というのがどういうことなのか、すこしも理解できないようなのです。

「相手の立場に立つ」というのは、それほどむずかしいことだとは思いませんが、それが理解できないようでは、要するに、いつまでたっても気がきかない、頭の悪い人間のままでいるしかないということです。

◇「ありがとう」も言えないなんて、育ちが疑われるだけ

荷物を持ってあげようとしたのに、「何すんのよ！」

地方の公演からの帰り、飛行機は混んでいて、空港のターミナルビルまで乗客を運ぶバスはたちまち満員になりました。幸い、私は座ることができたのですが、ホッとしていると、私の席の横に大きなバッグを持った若い女性が立ちました。重そうですし、そのバッグが私にあたるので、

「その荷物、お持ちしましょう」

と、声をかけました。親切のつもりだったのですが、返ってきた言葉には驚きました。

どう言ったと思いますか。

「何すんのよ！」

こうです。

つい最近、こんな体験をしました。相手は、服装もきちんとしていて、それなりにお金も教養もありそうに見える娘さんです。その人の口から、こんな荒っぽい言葉が出てくるとは・・・。

私は、言いにくいこともズバズバ言って若い人たちを叱る〝こわいおばさん〟と、一般には思われているようですが、このときはあっけにとられたまま返す言葉もありませんでした。

もしかすると、そのバッグにはだいじなものがはいっていて、どんなに重くても自分の手から離したくなかったのかもしれません。しかし、たとえ断わるにせよ、断わり方があるはずです。「けっこうです」とか「おそれいります。ありがとうございます」などという言葉は、ついぞその娘さんの口からは出てきませんでした。あるいは、その娘さんは、私のことを引ったくりとでも思ったのかもしれませんね。

引ったくりと間違えられてはしかたありませんが、それにしても、なんとも情けない世の中になったものです。

また、こんなこともありました。空港のロビーでのできごとですが、私が椅子に座っていると、五人くらい子どもを連れた若い奥さんがやってきました。子どもは椅子に座りたがって騒いでいましたが、見渡したところ、空いている椅子はありません。そこで私が、隣に座っていた若い男性に、私から、

「すみません、子どもさんに座らせてやってください」

とお願いしました。その男性は、連れのもうひとりの男性と気持よく「わかりました」

と席を空けてくれました。で、私が
「あなた、そこへお子さんを掛けさせてあげたら」

というと、その奥さん、子どもに向かって、

「ちょっと、そこ空いたから掛けなさい」

ですって。

「ありがとうございます」の一言もありません。席を立つときも「さきほどはすみません」もなし。スーッと立ったかと思うと、

「早く行きましょう」

これだけです。私、その女をひっぱたきたくなりました。人に感謝する気持のかけらもないのですから。わざわざ男性が席を空けくれたことに気がつかなかったにしても、

「空いてますよ」と知らせてくれた人にも、なんのあいさつもしないとは、私には考えられないことです。その奥さんの身なりなどがちゃんとしていただけに、いっそう腹が立ったものです。

◇心のない人は、どんな美人でも醜くなる

私はオカチメンコだから、自分の魅力づくりを考えた

顔というものは、その人間の宿命を多かれ少なかれ背負っているものではないでしょうか。私の小さいときの写真を見ると、眉毛が薄く、はれぼったたく眠そうな小さな目、ふくれた両頬におちょぼ口――いま見ても吹き出してしまいます。

もっとも、大人になってからも、私の顔は小さいときとまったく変わっていない

と言われましたけど。

こんな〝個性〟を持った私の顔を見て、祖父は「お前はオカチメンコだから嫁に行けない」などとしょっちゅう言ったものでした。言いにくいことを、よくぞはっきり言ってくれたものですが、そのせいか、もの心つくかつかないころから、何とかかわいらしく見せたいという本能にも似た思いに私はかられていたように記憶しています。

以来、心の中は美しさに対するあこがれでいっぱいになりました。やがて歌手としてデビューしてからというものは、オカチメンコでもお化粧という〝魔法〟を使えば、いくらでも美しく変身できることを知りました。キャンバスに絵を描くように、自分の顔を〝創造〟していきました。

夢中になってお化粧を楽しんだ時期がおさまると、次なる私の目標は「見た目の美しさだけではなく、魅力が加わらなければだめだ」という点に絞られました。この「魅力づくり」こそ、ちょっとおおげさに言えば、私の美を追求するうえでの生涯のテーマになりました。

美しいだけでなく、魅力があること――それにはどうしたらいいかというと、言葉で言うととても簡単です。〝心美人〟になればいいことです。持って生まれた顔の造りは、整形手術でもしないかぎり変わるものではありません。でも、その人からにじみ出る人柄の良さとか、輝きや色気など、会った人がハッとするような個性があること、そうした魅力は、その人しだいでいくらでも磨かれてくるのです。

たとえば、女優でいえば太地喜和子さん。じつに魅力的な人です。におい立つような色気というか色香があります。この太地さんをブスだという人は、まずいないと思いますが、太地さんと私の顔がじつによく似ていると言ったら、驚く人もいるのではないでしょうか。

私と同じ顔をした太地喜和子さんが魅力的な秘密

太地さんと私とは、年齢の開きはかなりありますが、親しくおつきあいしていて、よくわが家に遊びにきたりします。いつだったか、二人で小さいときの写真をお互いに見せ合いながらおしゃべりしていたとき、ちょっとした〝混乱〟が起こりました。お互いに、相手の写真を自分の写真とカン違いしてしまったのです。

「ほら、私も小さいときはなかなか可愛らしかったでしょ」

「いやだ、それは私の写真よ。その着物には記憶があるんだから」

こんな具合です。いくら遠い昔の写真だからといって、自分の顔と人の顔を間違うなんて、ふつうはそんなことしませんよね。でも、二人とも驚いたほど、太地さんと私の小さいときの写真は、まさに瓜二つといっていいくらい似ていたのです。


ですから、テレビで私の半生を描いた『わが青春のブルース』がドラマになったとき、

「主役をどうしましょうか」という相談があったとき、ためらわず私は太地さんの名をあげました。私には太地さん以外には考えられなかったのですが、そのドラマで、太地さんはみごとに淡谷のり子を演じてくれたのです。

もともと顔立ちが似ているところへもってきて、ドレスやアクセサリーなども、全部私のを使っていただいたのですが、見ていた私が、若い自分を見ているような錯覚に陥ったくらい、太地さんは、私になりきってくれたのです。

もちろん、ただのそっくりさんではなく、すばらしい演技力で、私の激しい生き方や歌に賭ける情熱など、本人の私が感動してしまったほどです。

もちろん、私が太地さんと親しくしているのは、このように顔が似ているからだけではありません。とても人柄がよくて、若手女優の中では実力ナンバーワンにもかかわらず、すこしもえらぶったところがなく、私みたいな年配者への礼儀もきちんとわきまえている。要するに、おつきあいをしていて楽しくて、気持がいいのです。

こんな太地さんこそ、〝心美人〟の代表といえましょう。顔が美しいだけの女優さんとは、ひと味もふた味もちがう、魅力のある人です。

オカチメンコといわれた淡谷のり子と同じ顔をしていても、これだけ見る人を魅きつける人になれるんですよ、と言ったら、安心する人も多いのではないでしょうか。太地さん、ごめんなさいね。

美人ほど、〝性格ブス〟になりやすい

それにしても、現実を見ると、やはり、顔のきれいな女性ほど男性からチヤホヤ

されることが多いようです。これは今も昔も同じでして、女は気だてだけじゃだめだ、と思っているバカな男がたくさんいるわけです。

そういうバカな男がいるから、女もバカになる。ツンとすまして、この世の男は全部、自分に関心があるなどと思い上がってしまうわけです。ですから、顔がちょっといいとそっくり返ってしまい、〝性格ブス〟になってしまうことが多いのです。

そういう女は、食事や遊びの場でのお金は男が払うのが当たり前、プレゼントももらうのが当然、という顔をしています。人に感謝するという気持はまったくありません。まして相手の立場に立って考えるということなど、まったくわからないようです。

要するに〝心〟がないんです。

しかも、〝性格ブス〟ほど、他人に注意されると、それを素直に聞けないタイプが多いのです。私など、気がついた点は、注意するのがその人のためだと思って、相手から嫌われるのを覚悟で、

「あなた、それはおかしいわよ」などといってやります。

すると、〝性格ブス〟ほど、プーッとふくれて「なによ、うるさいわね」というような顔をします。

「本当のことを言われたからってふくれるもんじゃないわよ。ありがたく聞くものよ。あなた、どんなに美人でも、心がない人は醜く見えますよ」

私は、思ったことはすぐに口にするほうですし、正しいと思ったことは遠慮せずに言います。しかし、ここまで言われても、言われている意味がわからない人がほとんど。ピンとこないようです。頭が悪いんですね。

人から注意されてすぐむくれるというのは、私に言わせれば、たいていは母親のしつけが悪いんです。私など叱られてふくれていると、それだけでまた叱られて育ったものですが、今は、子どもが悪いことをしても、

「あなたが悪いのよ」ではなくて、「相手が悪いのよ」と、なんでも人のせいにしていますから、相手の立場に立って思いやる娘に育つわけがないのです。

せめて母親は娘に対して、他人の言葉は素直に聞く、ということくらいは最低限、教えてほしいものです。

外見だけでない、自分の魅力づくりをだいじにしてほしい

こうした〝性格ブス〟でも、顔がちょっときれいだと、男が集まってくるのですから、おかしな話です。でも、そうした〝性格ブス〟に寄り付いてくる男は、だいたいがロクな男ではありませんから、そんなにうらやましがることもありません。むしろ、そんなロクでもない男は、〝性格ブス〟にまかせておけばいいのです。

私が若い女性に言いたいのは、こうした〝性格ブス〟にだけはならないでほしいということです。人に会ったら明るくあいさつする、人に何かしてもらったらお礼を言う、人から注意されたら素直に耳を傾けてみる、こんな簡単なことをするだけでも、ちがってくるのですから、ぜひ実行してくださいね。

世の中〝性格ブス〟がふえているだけに、ちょっとでもちがうことをすれば、すぐ目立ちますよ。心あるちゃんとした男性なら、かならずそういう女性を歓迎します。

私がくれぐれも言いたいのは、心を磨いてほしいということです。今の人に言ってもなかなかわからないかもしれませんが、さっき言ったようなことも、心を磨く

ことになるのです。そうして、あなた自身の魅力をつくりあげていってほしいのです。

とにかく、ブーッとふてくされるのだけは、やめてください。女の中で、これほどイヤな表情はないのですから。

もっと、自分の魅力を大切に考えてほしいと思うのです。

◇恥じらいを失ったとたん、女としての魅力も消える

下品なことを得意顔で話す女がふえてきた

私は以前、ＴＢＳテレビで「身の上相談」をしていたことがあります。人にアドバイスするほど、私はえらい人間でもなんでもありませんが、ズバズバものを言うところがよかったのでしょうか、その身の上相談は足かけ八年間も続きました。

その身の上相談をしているうちに、だんだん、これでいいのだろうかと首をかしげることが出てきたのです。

というのは、男と女の関係があまりにもでたらめというか、古くさい言葉でいえ

ば、人の道にはずれたことをしていても、まったく悪びれないで平然としている人がふえてきたからです。

これが、今だったら、もっとたいへんです。ラジオのスイッチをひねると、人妻が浮気をした話を得意そうにしている声がとびこんできます。しかも、自分たちのセックスの話も、平気でこと細かにしゃべっているのですから、いったいどうなっているのでしょう。いくらセックスについて自由になってきたとはいえ、「何かカン違いしているんじゃないの！」と怒鳴りつけたくなることがあります。

その点、昔はよかったというつもりはありませんが、私の娘のころはとにかくたいへんでした。男性と手をつないで歩いていても、おまわりさんがそれを見かけたら、「ちょっと来なさい」です。風紀を乱すというわけです。

当時は、恋愛というものが罪悪でした。それよりまえ、江戸時代になると、不義つまり今でいえば不倫を犯した者は、ふたつに重ねて四つに切られ、さらしものにされたといいます。私たちの世代には、まさか死刑にされることはありませんでしたが、恋愛なんてとんでもないという教育を受けて育ってきました。

私自身はといえば、こうした考えにしばられるのが大嫌い。ですから、若いときもボーイフレンドをつくり、ずいぶん自由にしたつもりです。当時、世間からは「手のつけられない女」だといわれましたが、いま考えるとそれほど自由ではなかったのです。


たとえば、女性は結婚するまでは絶対に処女でなければならない、ということ。これは、たとえ婚約した間柄でも純潔をまもらなければならない、ということでした。

今の人が聞いたら、何をバカなことを言っているんだと笑うでしょうね。でも私も、娘時代は真剣にそう考えていたのです。

ですから、男女がいっしょの車に乗るなんてことはたいへんなことでした。当時は、夜、男女が車に乗るときは車内灯をつけて走らなければなりませんでした。つまり、車内を明るくして、外から車の中が見えないといけなかったのです。

男と女が乗っていると、すぐに停車を命じられます。そこで別々に分かれて職務質問を受けます。「どこで何をして、これからどうする」といったことを聞かれるのです。二人の話のつじつまが合わないと、これはあやしいということで留置されることさえありました。

ですから、男の人に車で家まで送ってもらうときは、おまわりさんにつかまってもいいように、いつも事前に打ち合わせをしたものです。たとえば、「映画館で映画を見て、家に帰るのを送っていくところです。家のまえまで送るだけです」という具合に、どういう理由で車に乗っているのか、話を合わせておくわけです。

当時、車を持つといったら、今、家を建てることよりたいへんなことでしょう。よほど良家の人でないと車を持てず、そういう良家の男性はたいてい紳士で、ボーイフレンドとして、おかしなことはすこしもなかったのですが、それでもこんな打ち合わせをしなければならなかったのです。今の若い人には、おそらく信じられないことでしょうね。

家の近所のおまわりさんとは、おかげで顔見知りになって、

「やあ、のりちゃん、今日はタクシーじゃないの」

と親しく声をかけてくれるようにもなりましたが、それでも仕事は仕事、男の人の車に乗っていたら、職務質問は受けなければなりませんでした。

とにかく当時は風紀びん乱罪という罪名があって、男と女を見ればすぐ色メガネで見られたものです。「お友だちです」といっても通じない、じつに厳しい時代でした。

人前で抱きあうなんて、外国映画のようなわけにはいきません

こういう時代に育ったせいでしょうか、最近の若い人のセックスへの考え方には、どうしてもついていけません。

たしかに私は、結婚もしましたし、同棲もしたことがあります。娘の父親である男性とおつきあいをしていたこともあります。こうした男性遍歴を隠すつもりはありません。むしろ、性をけがらわしいものと押しこめることには反対です。でも、だからといって、なんでも野放図にやればいいというものではないと思うのです。

今の世の中でよくなったのは、女性に処女性がそれほど厳しく問われなくなった

ことくらいです。昔は、そのために不幸になった女性も、けっして少なくなかったのですから、男も女も処女にこだわらなくなったのは、けっこうなことです。

でも、たとえば、若い男女が人まえでも平気で抱きあったり、キスをするようになったのは、あれはいったい何なのでしょう。見せびらかしているつもりなのかもしれませんが、外国映画の一シーンのようなわけにはいきませんよ。滑稽なだけです。今はラブホテルもいっぱいあるのですから、人目につかないところでやってもらいたいですね。


あるいは、テレビのラブシーンの見すぎでしょうか、若い娘さんも人妻も、なにかというと、すぐ自分でラブシーンをしたがるようですが、どうかと思いますね。安っぽい男に簡単に自分を安売りしてもらいたくないものです。

ですから、女性から、ほんとうに恥じらいというものがなくなって下品になったと、つくづく情けなく思います。その下品さの極致が、自分の体をお金で売るということでしょう。

「海外旅行をするためにお金が欲しいの。時給何百円のバイトじゃ、一生かかってもお金なんかたまらない。でも、体を売れば数時間で何万円のお金がはいる。だいいちラクでいい」

こういう女が最近は少なくないといいますが、なんというあさましいことを考えるものでしょう。お金のためならセックスを商品として売ってもいいという考え方は、これはもう昔の女郎、淫売婦と同じです。

昔はそれでも、貧困から泣く泣く売られていった女性が多く、そこには同情の余地がありました。しかし、いまセックスを売る女性たちは、かわいそうでも何でもない。お金のためなら何でもやって、他人のことなど考えず、自分の都合だけを主張する。まったく恥も外聞もないとはこのことです。

最近、ある人から聞いた話ですが、新宿のある喫茶店で、二人の若い女性が、

「遊んでお金がなくなっちゃったから、そろそろ内職でもしてくるか」

といって男を探しに行くのを見たそうです。早い話が、体を売って小遣いかせぎをするわけです。うそのような話です。

いったい、いつのまにこういう世の中になってしまったのでしょうか。あまりにも自分を粗末に扱いすぎます。こういう人たちに、愛のあるセックスを説いても、残念ながらわかってもらえそうにありません。昔は、燃え上がるような恋をして、あるときにせっぱつまった感情の頂点で体の関係があったものです。

だからこそ、感動も歓びも大きかったのですが、たんに快楽だけを追い求める人には絶対に味わえないでしょうね。

恥じらいがなくなったら、女ではありません

とにもかくにも、こうしたセックスの話に象徴されるように、世の中から「恥じらい」というものがなくなってきました。でも、人間の魅力は恥じらいから生まれるということをご存じでしょうか。

恥ずかしいとか恥じらうとかいう気持がなければ、間違ったことをしても間違いに気がつきません。色紙の裏表の間違いを言われても、「あら、そう」ですませてしまったり、重い荷物を持ってあげようとした私に「何すんのよ！」と怒鳴った娘さん、みんな自分が恥ずかしいことをしているのに気づいていないのです。でも、

これでは進歩はありません。一生間違ったままでいかなければならないのです。

その点、恥ずかしいと思えば、人間はその点を改めようとしますから、どんどんよい方向に向かっていくでしょう。一度や二度の失敗なんて、何でもありません。

それに、女性がちょっと恥じらったところというのは、見ていてなんともいいものです。たとえ年配の女性でも、恥じらう女性には、ほのかなお色気を感じます。

もっとも、必要以上に大げさに恥ずかしがって見せるカマトトだけは願い下げにしてほしい、と思いますが。

私も、八十歳になって、まだ恥じらうことがあるんですよ。そうは見えないかもしれませんが、私はほんとうは人見知りが強いのです。ですから、会ったばかりの人だと、相手の顔もまともに見られないくらい。

それがフンとそっぽを向いたように見えて、感じが悪いだの、えらそうにしているだのと言われてしまうのですが、私としては、そんなつもりはないのです。

まあ、恥じらいがあるうちは、私も女のうち。そんなふうに私は考えています。

恥じらいをなくしたとたん、その女性の魅力も消えてとんでいき、女の格好はしていても女ではなくなる――

こんなことを言う私は、やはり古いのでしょうか。

◇いい悪いのケジメをつけないと、ニセモノの女になるだけ

〝ニセモノ人間〟にはご用心

今の世の中、タテマエはたしかに自由で平等です。私たちの年代は、何ひとつ自由にならないつらさや、不平等な社会を知っていますから、今日の何を言ってもしてもいい自由や、男女差別や貧富の差のない平等の世の中を、ほんとうにありがたいものとして受けとめています。

しかし、若い人を見ていると、どうもこの自由や平等が災いしているように思えてなりません。法律にさえ反しなければ、何をしてもいい、それが自由だと思っているフシがあるようです。

昔はそれでも、他人様に迷惑をかけなければ何をしてもいいと教えられていましたが、それが今では、他人に迷惑をかけても、自分の好き勝手をしていいということになっているようです。

たとえば、最近流行の不倫ですが、若い女性の中には不倫にあこがれている人もいるとか聞きました。しかし、不義密通とまでは言いませんが、妻子持ちの男性とそういう関係になるのは、けっしてほめられたことではありません。罪の意識をすこしでも感じるならまだともかく、逆にあこがれるなんて、ほんとうにバカげています。

まえにもふれた、お金のために体を平気で売るというのもそうです。いくらいい稼ぎになるからといって、自分の体を売るというのがどういうことなのか、すこしもわかっていないわけです。体を売ることがいいことであるはずがないのに、そんないい悪いのけじめもわからないバカな女なんて、怒る気もしなくなりますね。

さらに、女性の格好ひとつをとってみても、自由のはき違えというのを感じます。もちろんファッションは自由で、どんな服を着てもかまわないのですが、だからといって、自分の実体とあまりにそぐわない格好は、やはりおかしいと思うのです。

街を歩いている女性を見ると、一見しただけでは、女子学生なのかＯＬなのか、奥さんなのか、はたまたホステスさんなのか、さっぱりわからない人がいます。厚化粧をしていたり、チャラチャラと毛皮を着ていたりするから、てっきりホステスさんかと思ったら、女子大生だったということがよくあります。

今は、〝なまじ〟の学生やＯＬよりも、ホステスさんのほうがずっと地味な格好をしているそうですね。このように得体の知れない人たちは、私の目にはどうしても〝ニセモノ〟としか見えません。

昔は、普通の娘さんや奥さんは、そんなヘンな格好をすることは許されていませんでした。着物の着つけ方ひとつにも約束ごとがあって、たとえば普通の家のお嬢さんが、芸者さんが着るように、衿をぐっと下げた、衣紋を抜いた着物の着方など絶対にしなかったものです。

ですから、その人をパッと見ただけでも、どんな人かはだいたいの見当がついたものです。

それが、今では、お嬢さんだかどこのだれかわからないような服装。服装だけでなく、中身まで、どこのだれだかわからなくなってきています。まあ、若い女性の言葉の乱暴なこと、話の内容のお粗末なこと。

若い歌手たちがそうだというのなら、まだ話はわかります。なにしろ、あの人たちはたんなる商品にすぎず、人間性などは求められていない、というのが正直なところなのですから。そんな歌手などまねしてほしくないのに、普通の娘さんまで似たようなことをして、服装でも言葉でもどんどんおかしくなっていってしまうのですから、困ったものです。

ふだん、そんなことをしている人が、ときどき「私はお嬢様です」って気どってみせたって、おかしなだけ。中身がお嬢様でないのですから。

このように、今は、外見だけ見ても中身のわからない〝ニセモノ人間〟が多いので、私も知らない人には用心するようにしています。服装を逆手にとって悪いことをする人もいるわけです。立派な服装の紳士や淑女が、じつは詐欺師やスリだったりすることもあるのです。

ニセモノばかりに接していると、人間までニセモノになる

外見ばかり立派で、中身はインチキな〝ニセモノ人間〟がふえていると言いましたが、私はこの「ニセモノ」が大嫌い。この主義は対人関係だけでなく、生活全般に至るまで徹底しています。

ですから、インスタント食品は一切食べません。味が合わないということもありますが、食べるものはやはり手作りの「本物」が食べたいからです。インスタントラーメンなど食べたことがありません。心がないものを食べてもしかたがありませんからね。

このインスタントという言葉、今の若い歌手にぴったりだと思っています。「どれをとっても同じ味」という意味で、です。

今の若いアイドル歌手は、私にはどの子も区別がつきません。顔も歌もみんな同

じょう。聞いていられないほどの実力という点でも共通しています。気の毒なくらいです。しかも、自分に力のないことがわからないで、お金ばかり欲しがる人のなんと多いことか。

考えてみると、インスタント食品などが出回るころから、こうした歌手が出てくるようになりましたね。ニセモノを食べても満足していられるくらい、日本人の感覚が鈍くなって、こうしたニセモノ歌手が受け入れられるようになってきたのかもしれません。

最近は、〝ホンモノ志向〟とかいわれ、若い人にも本物を求める人がふえているとか聞きました。本物といっても、たとえば自然食品を食べるとか、着る物に合繊や化繊などではない、天然の素材のものを用いるとか、そうしたファッション的な傾向が強いようですが、せいぜい、ものごとのよし悪しがわかる〝ホンモノの人間〟を目指していただきたいと思います。

〝ニセモノ〟にだまされて、一千万円とられた

このように、ニセモノの氾濫する時代ですから、たとえ有名なものだからといって、頭からそれを信用してしまうのは考えたほうがいいと思います。人間にだって、有名な人の中にニセモノは大勢いますから。

たとえば、名まえを聞けばだれでも知っているような有名な女性の中にも、そうした人はいます。私の昔の知り合いの一人がそうなのですが、この人には一千万円くらい借金の肩がわりをさせられました。保証人の印を押したばかりに、九つの信用金庫へ他人の借金を払うことになったのです。

昭和二十九年か三十年ころの話です。彼女とは、学校を出てからしばらく疎遠になっていたのですが、ある日ひょっこり訪ねてきて、「約束手形を割ってくれないか」というのです。

これが始まりでした。金額ははっきり覚えていませんが、当時のお金で九千円か九万円か。とにかく家にあったお金を渡しました。

ところが、その約束手形が不渡りになってしまったのです。もちろん、私は相手にお金の返済を求めました。すると彼女は、次々と違う金融機関からお金を借りてきては、

「ここの保証人になってくれれば、あなたにお金が返せる」

と。私もまったく経済観念がありませんから、彼女の言うなりになって次々と保証人のはんこを押して、とうとう彼女の借金を全部背負うことになってしまいました。

なかでも一番腹が立ったのは、彼女が登記所へ行き、勝手に私の家を抵当にしてお金を借りようとしたことです。私の留守に私の実印を押したのですから、たいへんなことをしてくれたものです。結局バレて、警察ざたになるところでしたが、昔の友人を信用してハンコを押した私も悪かったので、そのまま何もないことにしました。

その後、彼女からはなしのつぶて。私もそれっきり何も言いません。それを幸いにか、以後、私の前にはまったく現われません。

普通なら、それだけ迷惑をかけたのですから、一言「ごめんなさい、悪いことを

しました」と謝るべきだと思うのですが、相手は知らんふりを決めこんでいます。だから彼女も、〝ニセモノ〟。ものごとのいい悪いのけじめのつけられない人は、いくら世間でもてはやされても〝ニセモノの女〟にすぎないのです。

まあ、私にも相手が〝ニセモノ〟だということを見抜く目がなかったのですから、だまされた私も悪いといえばそれまでですが、それだけに、以後は〝ニセモノ〟にだけは注意するようになったわけです。

こんな昔の話を思い出したり、現在の若者の状況を見ていますと、ときどき生きているのがイヤにさえなります。自殺したいとか、そういった意味ではなくて、早くこんな世の中とお別れしたい、そんな気分になってしまいます。

いい悪いのけじめもつけられない、人に迷惑をかけても知らん顔をしている人ばかりでは、生きていてもすこしも楽しくないのです。

◇何でもお金で片づくと思っていると、心は貧しくなるだけ

お金がすべてと思っていませんか

「地獄の沙汰も金しだい」といいますが、今の若い人たちを見ていると、すべての価値基準をお金に求めているような感じがします。

お金があったら何でもできる――こう信じて疑わないのではないでしょうか。事実、手軽にお金が稼げるからと、セックス産業で気軽に働いたり、最近では楽してお金を儲けようと、財テクに励むOLや主婦も増えているとか。ほんとうにこの世は金、金、金になってしまいました。

こんな傾向になったのも、若い人が悪いというよりは、結局は親が教えてきたのだと思います。あの戦争で、大なり小なり一財産なくした世代は、残ったお金も新円切り替えで貨幣価値が下がるという理不尽な体験をしてきていますから、どうしてもお金にこだわるのです。その姿を子どもが見て真似をしないはずがありません。

私も、お金はないよりはあったほうがいいと思いますが、目の色を変えてまでお金儲けをしたいとは思いません。私もほかの人と同様に、戦争でひと財産を失いました。並のサラリーマンでは、とても追いつかないくらいの財産です。

家にしても、たいしたものでしたし、毛皮のコートも宝石もいくつか持っていました。今でこそ、ふつうのOLでも毛皮のコートを着ていますが、当時はすべて舶来品で、ぜいたくな私のことですから、品物もほんとうにいいものでした。靴にいたっては、七十足以上持っていて、靴屋を開くのかと笑われたくらいでした。

これらはすべて、私が歌を唄うことで得たものなのですが、そうしたものもすべてがあの戦争で焼けてしまい、あとには何も残りませんでした。

でも、そのとき私は悟りました。品物は、焼けてもまた買えるけれど、人の心はいくらお金を出しても買えないのだと。こうして戦災で大事なものがすべて焼けたことで、私には逆に、お金への未練がなくなりました。そのときどきに間に合うだけのお金があればいい、そう思っています。ですから、戦前のように豪華な家を建てようなどという気も起こりません。

私が思うに、「お金がすべて」と考える人は、人間としての心をどこかに失ってきているような気がします。たとえば、こうした人たちは、親がボケたり、病気で動けなくなると、すぐ病院に追いやるということを平気でします。自分の親を自分たちで看るということはしません。お金で片づくなら、「邪魔者は消せ」式の考え方なのです。

ある人は、ボケてしまった母親を兄や姉が引きとらず、老人ホームへ入れるということを聞き、末っ子のこの人が自分の家でめんどうをみたそうです。きょうだいの家は大きな家ですが、彼の家は団地。彼の奥さんも苦労を覚悟で承知したそうですが、結果は、やさしい家族に囲まれて、そのお母さん、ボケが治ってしまったそうです。

もちろん、ボケ老人を抱えた家族の、とくにお嫁さんの立場はたいへんだと思います。ですが、お金を出して病院まかせにすることが親孝行だなどと、夢にも思っていただきたくないのです。それでは、心があまりに貧しすぎると思うのです。

便利さはお金で買えても、楽しさは買えない

たしかに今の世の中は便利です。お金があれば、快適な暮らしができます。でもそれが表面的な快適さだけに終わっていたらみじめなものです。便利な機械に囲まれていても、そこに住む人が精神的に貧しかったら、生活そのものは楽しくもなんともないでしょう。

昔は、東京から大阪へ行くにしても、ずいぶん時間がかかりました。夜行列車に乗って、着くのは翌日の昼ごろでした。今は新幹線でたった三時間です。でも、私には、それが素晴らしいことだとは思われません。「あ、便利になったなあ」それだけです。地方に行くのに今の数倍の時間がかかろうと、人情に厚い人がたくさんいた昔のほうが、自分勝手な人が多い今より、はるかに生きていて楽しかったからです。

たとえば、歌手の立場から言わせてもらえば、最近は観客のマナーがひどく悪いことが気になります。間奏のときに拍手をするお客がいますが、あれはたいへん困

ることで、間奏が聞こえなくなって次の歌い出しに支障が出ることがあるのです。もっとも、今、テレビなどで、いわゆるアイドル歌手が歌っているときに、はちまきをした親衛隊がキャーキャー騒いでいますが、あれならどうということはないでしょう。

どうせ、観客も歌を聴きにきているわけではないのですから。

昔は、間奏のときに拍手するようなお客はいませんでした。この拍手というのは、もとをただすと、じつは放送局が〝教育〟したもののようです。ラジオからテレビの時代になって、ステージの上も下も映像の対象になったわけですが、そこで雰囲気を盛り上げるため、観客にカメラを向けたとき、局員が舞台の袖から拍手をうながしたのです。

いわば〝やらせ〟です。

私に言わせれば、そんなことをしなくても、ステージの上と下がほんとうに一体化すれば、おのずから感動的な雰囲気の中で、拍手が湧いてくるものだと思います。〝やらせ〟が必要なのは、ステージに魅力がないから、そう思って間違いありません。

〝やらせ〟の拍手で満足しているようでは、唄うほうも聴くほうも、結局のところ質が悪いのでしょう。

そういえば、戦後、キャバレーの盛んな一時期があり、銀座の「モンテカルロ」という一流のキャバレーに出演したとき、こんな話がありました。私が唄うたびに、店のマネジャーの機嫌が悪くなるというのです。気になってわけを聞いたところ、

「淡谷のり子を唄わせるのもいいけど、酒が売れなくなる」

というのです。

私は、思わずにんまりしてしまいました。私の歌を、お客さんがお酒を口に運ぶことも忘れて真剣に聴いていてくれた証拠だったからです。ですから、唄い終わった後のお客さんの割れるような拍手は、まことに快いものでした。

子どもの料金を払っていれば、子どもが騒いで迷惑をかけてもいいのか

観客のマナーでいえば、もうひとつ。演奏中に子どもを泣かせたり、べちゃべちゃおしゃべりをする人、あれも困りものです。

あるクラッシックのコンサートでのことです。そこに二、三歳くらいの幼児を連

れた母親がきていたのですが、演奏中にその子どもが飽きてしまって、ギャーギャー騒いだのだそうです。見かねたホールの係員が、

「他のみな様にご迷惑がかかりますから、ロビーに出てください。ロビーにはテレビモニターもありますので、音楽は聴けますから」

とお願いしたのだそうです。すると、その母親は、

「私は子どもと自分の二人分の料金を払っています。なんで私が外へ出なければならないんですか」

と食ってかかったそうです。自分はお金を払っているのだから、他の観客に迷惑がかかっても関係ないというわけですが、なんという考え方でしょう。

お金さえ払えば、なんでもしていいというわけではないということが、この母親にはまったくわかっていないのです。

私のステージでも、よくこういうことがあります。コンサートで私が唄っているときに、前のほうの席で足でリズムをとったり、一人で手をたたいたりする人がいます。非常識な人になると、おしゃべりをしたりすることもあります。こんなこと

をするのは、残念ながら全員女性です。

私はピアノひとつで唄いますから、ヘンな拍子をとられるとリズムが狂ってしまうんです。だいたい、こうやって拍子をとっている人は、リズム感が悪いことが多いので、ますます私のリズムが狂いそうになるのです。おしゃべりも耳障りです。ですからこういうときは、舞台の上から注意することにしています。

「おそれいりますが、プライベートなおしゃべりなら、廊下へ出てください」

「手足で拍子をとらないでください」

すると、「ふん」とか「生意気だ」とか言っていますが、ヘンな歌を唄ってしまったら、ほかのお客さんに申しわけないことですから、そのへんはきちんと言わせてもらっています。

クラッシックのコンサートといい、私のステージといい、みんな「お金を払っているのだから、勝手なことをして当然」というごうまんな意識がみえみえで寂しくなります。

こういうのが、いわゆる〝成り金〟でしょう。

まるで、お金を持つのと比例して、心を貧しくしているようにしか、私には見えないのです。お金にこだわったら、かならずそういうふうに心は貧しくなっていくのでしょう。そのあたりのことを、もっと若い人に考えていただきたいと思います。

第Ⅲ章

気がつく女と、鈍感な女は、ここが違います

◇言葉に鈍感な人は、すべてに鈍感

誤字に鈍感な人は、女としても鈍感

女性ならだれでも、もっと〝いい女〟になりたいと思っていることでしょう。私にしても、ダメ女がふえるより、いい女がふえてくれることを歓迎しますが、世の中を見ると、ダメ女しかふえていないように思えて、がっかりすることがあります。

そのひとつが、日本語をあまりに知らないということです。私など歌手の分際で、あまりえらそうなことは言えませんが、最近は、日本人でありながら、日本語を正確に書いたり読んだりできる人が少なくなったようです。芸能人は言うにおよばず、一流大学を出た女性でも、誤字脱字は当たり前、ひどい場合は小学生でも読める字を知らなかったりします。

字を知らないなら、知らないなりに勉強するとか、こまめに辞書をひくなどすれ

ばいいのに、そうした努力はまずしません。ですから、わからない字はわからないまま一生過ごすことになります。知らないことを恥だとも思っていないようなのです。

ある会社の管理職の方から聞いた話ですが、このごろの若い女性は、書類などを書かせると、平気で当て字や誤字を書いてくるそうです。注意されても、「ああそうですか」でおしまいだそうです。だから、同じ間違いを何度でもするといいます。わからなければ聞けばいいと思うのですが、それもしないそうです。

鈍感というのでしょうか。そういう人は、周囲のことにも気を配ることができない自分本位のタイプが多いそうです。

会社ばかりではありません。某テレビ局ではこんなことがありました。ある役者さんが、本読みのときに、「今日は」と書いて「こんにちわ」というところを、「きょうわ」と読んで笑われたり、ある女優さんは、「お土産」を「おどさん」と読んで恥をかいたということです。台本を読むのは役者の仕事なのに、それも満足にできない人がどんどんふえているのです。

また、これは私のところへきた手紙、というより投書のひとつですが、思わず吹き出してしまったことがありました。私は以前、だめな歌手たちのことを「歌い屋」といって物議をかもしたことがありましたが、それについての投書でした。

書き手は、「歌い屋」と言われた歌手のファンらしく、それには、おまえのような女はどうのこうのと書いてありました。まあ、それはそれでいいのですが、終わり近くなって、突然「目悪だ」と書いてあるのには首をひねりました。

「目が悪い？」

私の目は節穴だといっているのでしょうか。目が細いとか、目のお化粧が濃いといわれたことはありますが、はて、いったい何のことと、首をひねるばかり。まるでクイズです。やっとそれが「迷惑だ」の当て字だとわかったときは、吹き出してしまいました。

ずいぶん独創的な当て字を考えたものです。

いくら大先生の歌詞でも、いやなものはいや

とにかく今の人たちは、歌手も含めて真剣に何かを学ぶということをしません。

懸命に学ばないということは、自分の成長を望まないということですが、はたしてそれでいいのでしょうか。現状に満足していては、歌手ならすぐにつぶれていくでしょうし、ふつうの女性なら、魅力的な存在になるのは無理というものでしょう。

手前みそになりますが、私は、半世紀以上、勉強をし続けています。もちろん現在も勉強の最中です。私はクラッシックからポピュラーへ転向し、ジャズ、タンゴ、シャンソン、そして流行歌まで勉強して、まるで何でも屋のようです。

ときどき、オペラのアリアなどを唄いたくなりますが、唄うとまたそちらのほうへのめり込んでしまいそうですから、我慢しているのです。でも、勉強だけはしています。幸い、妹がピアノを弾くので、家では彼女の伴奏で欠かさずレッスンをしています。

人生を歌だけに捧げてきましたが、じつは私、最初はバレリーナになりたいと思っていました。また、女学生のころは、歌のことなど考えてもみず、もの書きを志望していました。作家か新聞記者になりたかったのですが、母から、

「お前はもの書きには向かない。音楽でもやって、幼稚園の先生でもやりなさい」

と言われたのがきっかけで、音楽の道にはいったわけですが、さすが母親は娘のことを本人以上に知っていたと思います。もし、私がもの書きを志望していたとしても、たいしたことはできなかったでしょう。

でも、もの書きになりたかったくらいですから、本はずいぶん読みました。そのおかげかどうか、流行歌手としてデビューしてからも、歌詞が気になってしかたがありませんでした。気にくわない歌詞だと唄わないことさえありました。

あの有名な西条八十先生の詞を気に入らないからと、勝手に直してしまったこともあるくらいです。

『東京ブルース』という歌でしたが、歌詞のなかの「君が別れに、投げキッス…」の「投げキッス」が、いやでいやでしかたありませんでした。

「走っていく電車にキッスを投げるなんて私にはできやしない」

こう思って、とうとう勝手に「君が別れに、投げる花」と直して唄ってしまったのです。

その後は、西条先生の詞は一度ももらえませんでした。それはそうです。きのうきょうの駆け出しの小娘が、当時、今をときめいていた西条八十の詞を勝手に直して唄うなど許されるはずがありません。おそらく前代未聞だったのではないでしょうか。

歌謡界から追放されてもおかしくないできごとでした。それほど、私は生意気な文学少女だったのです。

今でも私は、歌詞の美しさとメロディの美しさがぴったりと溶け合わなければ、その歌は唄えません。ですから、私にはどうしても歌えない唄がたくさんあるのです。

勉強しない人は、カスでしかない

こんな話をすると、歌詞くらいどうでもいいじゃないか、と思う人もいるでしょうね。たしかに、素人の人がカラオケを歌ったりするときは、歌詞のことまで気にする人はあまりいないと思います。しかし私は、大げさにいえば、歌に命をかけているのです。

だからこそ、歌詞のすみずみまで気を配り、ほんとうに自分の歌として納得して唄えるかどうかに真剣になるわけです。

私がこのように、歌に自分の一生を賭ける気になったのも、音楽学校の卒業式のときに、四年間に一度も褒めてくれなかった恩師が、初めて賛辞の言葉をかけてくれたことに始まります。

その先生は、それこそ「捨て身」で私を教育してくれました。自分の後継者にと考えてくれていたほどでした。そのかわりレッスンは厳しく、どんなに上手に唄えたと思っても、「それでも歌なの」「お腹から声が出ていないじゃないの！」と、けっして褒めてはくれませんでした。

しかし、授業以外のところではとてもやさしい先生でした。当時の私は貧乏のどん底でしたから、ごはんを食べることもできず、お腹がすいて、声の出ないこともしばしばでした。そんなとき先生は、「帰りにごはんでも食べましょうね」といってごちそうしてくださいました。

私が電車賃にもこと欠いているのを知ると、私の手にそっとお金を握らせて、「ひとつの歌を仕上げるにも、みんな苦労しているのよ。あなたも学校を休まず頑張ってね」

と励ましてくれるのでした。そんな、やさしいけれど、歌には厳しかった先生が、卒業式の私の歌を聞いてこういったのです。

「のり子さん、今日はほんとうによく唄えたわね。あなたは歌といっしょに死んでいくのよ」

この言葉に私は泣きました。

以来、私は歌にしがみついているのです。生活のために流行歌手になって、一生懸命クラシックを私に教えてくれた先生の期待を裏切ったことになってしまいましたが、それでも、歌の勉強だけはずっと、今にいたるまで続けてきました。歌のひとつひとつが私にとってはだいじなのです。

正直言って、今の若い歌手でここまで勉強した人は、おそらくいないと思います。だから、私は彼らのことを「流行カス」と呼んでいます。「歌手」を青森弁でなまると「カス」になるんです。勉強嫌いの人たちにはピッタリでしょう。今の若い女性も、カスにならないようにしていただきたいのです。

◇「やっぱ」「それでー」では、どんな美人も台無しです

「やっぱ」では、顔まで間が抜けて見えます

先ごろ、ある若い女性タレントの言葉遣いがひじょうにていねいできれいだということが評判になりました。その女性タレントは、アメリカでずっと育ち、日本語は日本人の両親から教わったそうです。

要するに、ひと昔まえの日本語を純粋に受け継ぎ、最近のヘンな言葉遣いの影響を受けなかったため、近ごろの若い女性には珍しい、言葉遣いの美しい人になったというわけです。

それにしても、最近の若い女性の言葉遣いは、ほんとうにおかしいですね。乱暴というか、品がないというか、これが若い娘さんの口から出る言葉なのかと、びっくりさせられることが多くあります。

たとえば、女子高生同士が話すのを聞くと、「おまえ」とか「おい、タカハシ」などと、まるで男と同じ。もっと年齢のいっている人でも、「ちょっと、これやってよ」。会社でも、こういう言葉遣いをする女性がいるんだそうです。

「やっぱ」とか「それでえー」というおかしな日本語も不愉快です。正しい日本語を使えないのは、頭の悪さ、教養のなさを自分から語っているのと同じ。間の抜けた顔で、こんな言葉遣いをされると、話をする気にもなれやしません。

「人は見かけによらぬもの」といいます。これは、あの人があんなことをするなんて信じられない、という内面性のありようをいっていますが、最近は見かけによらぬ若い女性がふえてきましたね。

外見だけ見ると美しいのに、いったん口を開いたら台無しです。ひどい日本語で、中身のないことを言っているので頭がカラッポなのが丸出しです。お化粧やおしゃれで外見を磨くのもいいのですが、内面ももっと磨いてほしいものです。

また、若いくせに、親や会社の上司など目上の人に向かって減らず口をたたく女性も多いのですが、こんな女を見ると、つい私は、その鼻っ柱をひねってやりたくなります。

こういう人に限って自分では知性があると思っているのでしょうが、理屈にもならない理屈を並べたてても知性があるとは言いませんよ。それに、目上の人に対するマナーを知らないという根本的な問題が抜けているのですから、知性も何もあったものではありません。

こういう生意気な女性ほど、不勉強で、まともに字が読めなかったりします。たとえば、意気がっている女性が得意とする「減らず口」。どんな意味かというと、「減らず」に口をパクパク動かし、上下の「唇をたたいて」負け惜しみをいうことだそうですが、知っていましたか？


私たちは、日常生活の中で、意識するしないにかかわらず、言葉の中に生きていますが、最近はその日本語を、日本人である私たちがなおざりにし、外国の人たちのほうが正確に語っている場合さえあります。ほんとうに情けない話です。

私の見るところ、言葉をだいじにしない女性は、だいたい頭でものを考えることをしない、感覚的な動物としか言いようのない人です。ですから、ダメなのは言葉だけでなく、要するに女性としての魅力や心遣いにまったく欠けているのです。

ていねいできれいな字を書く女性は、それだけで美しく見える

言葉遣いだけでなく、文字などももっとだいじにしてもらいたいですね。

私は小さいとき

「おまえはオカチメンゴだから、せめて字だけは美しく書けるようにしなさい」

と祖父に言われ、小学生のときから無理やり習字の練習をさせられました。そのときは習字がイヤでイヤでしょうがなかったのですが、いまになって祖父のこの心遣いにはおおいに感謝しています。

どんなにブスでも、さらさらっと書いた文字がきれいだったら、ちょっとは女が上がって見えるでしょう。「字は人を表わす」といいますが、女性は字がうまければ、それだけでも得をすることが多いのです。

私もきれいな字の手紙をもらったりすると、どんなに美しい人だろうと思いますもの。私も、それほど字がうまいというほうではありませんが、祖父が仕込んでくれたおかげで、人に見られても恥ずかしくない程度には書けるようになりました。

これで字もヘタだったら、見られたものではなかったろうと思いますよ。

こんな私から見ると、最近の丸文字っていうんですか、あの丸っこい字は、いったい何なんでしょう。別名マンガ文字とはよくいったもので、ほんとうにマンガみたい。あんな字で書かれたら、何を書いてあったって、書いた人を信用する気にはちょっとなれません。

会社のだいじな書類も、この丸文字を書く女性がいるので、外に出す書類などまかせられないという話も聞きますが、もっともなことと思います。

にもかかわらず、この丸文字、若い女性だけでなく、中年女性のあいだにまで広がっているのですから、いったい世の中どうなっているのでしょう。このあいだ、ファンの方からいただいた手紙も、そういう丸文字でぎっしり埋められていました。

こういう手紙は、じつは困るのです。というのも、私は丸文字が苦手でぜんぜん読めず、返事を書くこともできないからです。このときは、妹と二人、ああでもないこうでもないと、一字ずつ解読し、そうやって解読したものを妹に書き直してもらって、ようやくその手紙を読むことができました。手紙一通を読むのに、えらく時間と手間がかかったものです。

こんな丸文字など書かず、ふつうの字でどうして書けないんだろうと思います。字が下手なのを気にしている人もいるようですが、たとえ下手だって、ていねいに書いてあればいいのです。相手に読みやすいように、一字一字ていねいに書いたものは、どんなに字が下手だろうと、気持よく読むことができるということを知っておいていただきたいですね。

こういうていねいな文字を書く人は、読む人の立場に立って考えることのできる人です。ですから、たいてい性格もよく、よく気のつく人で、何かあっても気転をきかせることができる人です。言いかえれば、周囲から愛される人ということです。

◇自分の魅力に磨きをかけたいなら、日本語に磨きをかけること

私が横文字で唄わないわけ

戦後まもなく、私が進駐軍のクラブで唄っていたころのことです。九州のあるクラブで、アメリカ軍の隊長さんからこんなことをいわれました。

「あなたは、日本ではブルースを歌う人だといわれているそうですが、ここでのナンバーになぜブルースがないのですか」

私は困惑してしまいました。ブルースの本場、アメリカの兵隊さんたちの前で、日本語のブルースを唄うのに抵抗があったのです。仕方なくそんな自分の気持を正直に話しました。

するとその隊長さんは、

「あなたは日本人でしょう。日本人なら日本の言葉を大事にするべきです。日本の歌を日本語で唄って聴かせてください。あなたのブルースを、ぜひナンバーに加え

るのですよ」
と諭すようにいってくれたのです。

そういわれては、隊長さんの言葉に従わないわけにはいきません。私はいわれるがまま『雨のブルース』と『別れのブルース』を唄いましたが、結果は大成功でした。アメリカの兵隊さんたちは、日本の聴衆と同じように、感激の大拍手を送ってくれたのでした。

たとえ彼らに日本語はわからなくても、歌の心は伝わったのです。私はそのとき、心の底から「本物を貫いていかなければならない」と誓ったのでした。

私はシャンソンやタンゴなど、外国の歌を唄うときも、かならず日本語で唄います。横文字が不得意だからというわけではありませんよ。女学校のとき、音楽の先生からすすめられて、ドイツの歌曲を全校生のまえで唄ったのですが、それを聴いていた英語の先生が、
「淡谷さんは、英語の勉強はあまりできないのに、じつにみごとなドイツ語だ」

と感心されたそうです。

このときは、レコードを聴いたりして一生懸命発音を勉強したのですが、私だってその気になれば、横文字で唄えないわけではないのです。

でも、歌手になってからは、横文字ではまったく唄っていません。聴いてもらうのが日本人なのだから、日本人にわかる歌を唄いたいというのが、私の考えなのです。アメリカの兵隊さんには、日本語で唄ってもブルースの心はわかってもらえましたけれど、やはり日本人には日本語で唄ったほうが、聞き手の心にしみとおってくれるのではないかと思います。

付け焼き刃のフランス語で恥をかいたシャンソン歌手

私はそういう方針で、シャンソンなども日本語で唄ってきましたが、いつでしたか、フランスの大使館の人からこう言われたことがあります。

「あなたの友だちに、あんなひどいフランス語でシャンソンを唄わないよう、あなたから言ってくれませんか」

ある日本人歌手のフランス語の発音がひどくて、「まるでフランス語が侮辱されているみたい」でとても聴くに耐えられないとおっしゃるんです。

そのとき、その人から、

「あなたみたいに、ほかの人はなぜ日本語で唄わないのですか」

と聞かれたので、

「日本語で唄うと下手に聴こえるんです。フランス語のほうが、歌の下手なのがごまかせますから」と答えましたら、

「それはひじょうに失礼な話だ。とにかく日本語でシャンソンを唄ってほしいですね」

と強く言われたものです。ものまねフランス語で得意になって唄っていても、フランス人にしてみればとても聴けたものではないというわけです。ほんとうは大恥をかいているのに、それにすこしも気づかず、本人だけが意気がっているというのは、たいへん恥ずかしいことです。

「おはようございます」「ごきげんいかがですか」という日本語を使って暮らしている歌手が、歌のうえだけフランス語を使ってみても、身についた言葉ではありま

せんから、
しょせん、〝まやかし〟でしょう。
言葉には魂があります。生活があります。魂のはいらない、生活感のない表面だけのフランス語では、その歌が聴く人の心を打つことは、まずないでしょう。
また、とかく日本の歌手や作詞家は、歌に横文字を使いたがる傾向にあります。外国語を使うことで、いかにも教養がありそうに見せているのでしょうが、何のことはありません、日本語を芸術的に使いこなせないだけの話なのです。

横文字ばかり使うのは、頭がカラッポな証拠

私がこんなことを長々とお話ししたのも、じつは、ことが歌の世界だけではすまないからです。とにかく、最近の若い女性が横文字を並べたてて、外国通ぶって話をしているのを聞くと、まったく滑稽の一語に尽きます。

「ねえ、このあいだ来日した、アメリカのコスメティックアーティストのパフォーマンス見た？　最高にエキサイティングで、しかもゴージャスなの。あのニュアンスはちょっと日本人では無理ね」

こんな会話をしていたら、どんなに教養ありそうな女性でも、頭の中身はカラッポとしか思えません。要するに、日本語がわからないから、自分が知っている外国語を並べたてているだけなんでしょう。

それにしても、若い女性たちの関心を得ようと必死になっている化粧品会社の広告、どのメーカーの広告をみても、横文字の氾濫ですが、あれはどうにかならないんでしょうか。

意味もわからない外国語の歌を平気で歌う歌手。意気がって横文字を多く使う女性。自分の国の文化をバカにしていると、自分がバカにされるだけです。

◇もっと魅力的な女になるために、これだけはおすすめしたい

本を読むのをめんどうがるようでは、若いうちからボケますよ

つい最近、こんな話を聞きました。ある女子大学で心理学を教えている先生の話

ですが、近ごろの学生は、教科書が読めないのだそうです。読んでも、何が書いてあるか理解できない。その先生は、自分の大学の学生のレベルが低すぎるのだろうかと心配になり、他の大学の先生に話を聞いてみると、やはりどこでも「教科書を読む能力がない」学生がふえているとのこと。

そこで、活字を読む力がないのなら、マンガにしたらどうだろうという話が冗談半分に出たのですが、そのうちそれが冗談でなくなり、大学の心理学の教科書をマンガにしたものが実際につくられたそうです。

驚きましたねえ。大学で使う教科書ですから、内容はそうやさしくはないのでしょうが、教科書も読めない学生を相手にしなければならないなんて、先生方もほんとうにお気の毒です。

一般に、最近の若い人たちは、本を読まないようです。本を読むと肩がこってしまうので、肩のこらない雑誌かマンガしか読まないという女性もいます。こういう人はかわいそうです。若いうちから肩のこらないラクなことばかりしていたら、頭はどんどんボケるだけでしょうから。

人間、勉強しないで頭を使わないでいたら、いくら年齢が若くても、頭のほうはボケてきます。そんな人が、いまいっぱいいいますね。

もっとも、ここでいう勉強とは、なにも学校でする勉強だけをさすのではありませんよ。

本を読んだり、絵を見たり、映画を見たりするのも、自分の魅力に磨きをかけるためのりっぱな勉強です。もちろん、映画などボケーッと見ていただけでは、勉強にはなりませんが。

自分を磨く勉強のタネは、ちょっと気をつければ、いくらでもあるのですから、とくに若いうちは、おおいに勉強して、自分の魅力を育てていってほしいと思います。読書などは、そうした勉強のなかでも、もっともおすすめしたいことです。

読書好きの母親のおかげで、娘も本好きに

私についていえば、学校の勉強はあまりできませんでしたが本だけはよく読みました。歌手になってからも、ずいぶん本を読んでいます。夏目漱石全集は片っ端か

ら読破しましたし、林芙美子さんや井上靖さんの書いた小説、翻訳ものではモーパッサンなどが好きでよく読みました。

このように、私が本が好きになったというのも、母のおかげです。私の母は本が好きな人でした。十七歳で淡谷家に嫁にきて、使用人の多い家で苦労していましたが、本はたえず手もとから離さなかったようです。

娘の教育などにも、明治の人とは思えないほど進んだ考え方をしていましたが、それも、読書で自分を磨いていたからでしょう。当時の田舎の旧家といえば、嫁が本を読むなど歓迎されることではなかったはずです。それでも、本を読んでいた母を、私はほんとうに尊敬しています。


この母の姿を見て育ったせいか、私も自然に本が好きになり、まえにもお話ししたように、一時は作家を志望していたくらいでした。

読書だけでなく、自分を磨くために映画もよく見ました。マレーネ・デートリッヒとゲーリー・クーパーの『モロッコ』など最高でした。女が金持ちの男をふって、兵士のあとを追っていくラストシーンなど、女の生き方について考えさせられたものです。

本でも映画でも、自分を大きくするための勉強だと思って、せっせと読んだり見たりしたものでした。それだけ、自分の可能性とか夢の実現を信じていたのでしょうね。

いまの若い女性たちは、残念ですが自分を成長させるための勉強にはあまり関心がないようです。とにかくラクをしたがり、遊ぶことにだけは熱心、そしてお金をほしがる。

夢といえば、お金持ちの男をつかまえて結婚することぐらいしかない──こんなにレベルの低いことしか考えられないなんて、先輩の女として「情けない」の一言です。つまらない夢しか持てない女に、魅力がそなわるはずもありません。

「下手に唄え」と注文される間違ったご時世

もっとも、勉強を嫌うというのは、なにも若い女性ばかりでなく、世間一般の風潮のようです。とくに最近の芸能界なんて、勉強しないでくれというようなことを言いますから、嘆かわしいかぎりです。

いつでしたか、私が久しぶりにレコードの吹き込みをしたときのことです。担当のディレクターは、私には初めての若い人でしたが、彼は、私が一生懸命に唄っても、首をかしげるばかりです。そのあげくに、

「もっと下手に唄ってください」

私は呆気にとられました。もっとうまく唄えというのならわかります。

「下手に唄えとは、どういうことでしょう」

そのディレクターは、平然としてこう言ったものです。

「つまり、いまは完成された歌など必要ないのです。未熟な、新しい、どこか抜けたような歌のほうが魅力があって売れるんです。ざっくばらんにいえば、もっとアクを強くして大衆向けに唄ってほしいということです」

とんでもない、と思いました。何のために貧乏しながら音楽学校へ通って歌の勉強をし、卒業してからも勉強を続けてきたのか、そして歌謡界で苦労して「私の歌」を守り続けてきたのか。死んでもそんな歌い方などするものか、と私は抵抗しました。

大衆はそんなにパカではありません。小細工をろうして、卑俗にこびを売るような歌は、面白がって聞いても、飽きれば背中を向けられるだけです。

現に、私の歌を聴いてくれるのは、最近は若い人が多いのですよ。アイドル歌手のヘタな歌なんて聴いていられないといって、私のコンサートには、大勢の若い人が集まってきてくれます。

この本で、私は若い人たちの悪口をずいぶん言っていますが、最近の若い人もバカばかりではありません。こうしたちゃんとした人もいるのですから、私もうれしいのです。

そうしたコンサートで、かならずリクエストを求められるのが『恋人よ』。五輪真弓さんの曲です。

この『恋人よ』を私が唄うようになったことについては、ちょっとしたいきさつがあります。たしかＮＨＫテレビだったと思いますが、若手の歌手とベテラン歌手がそれぞれ持ち歌を交換して唄うという番組がありました。

そのとき、私は『恋人よ』を唄ってほしいといわれたのです。正直言って、そのとき私はこの曲を知らなかったので、最近よくあるチャカチャカした曲だったら唄いたくないと思って、最初はお断わりしました。

しかし、妹に聞くと「こんなにいい曲を知らないの」といわれたので、それではと妹にピアノで伴奏してもらって練習しました。それにしても、この曲はむずかしい歌ですね、ずいぶん勉強になりました。


本番の日、私が『恋人よ』を唄い終わると、司会の若いアナウンサーが涙を流しながら「感動した」と言ってくれました。以来、この曲を唄うようになったわけです。

とにかく「下手に唄ったほうがいい」などというのは、勉強するなということですが、これほど人をバカにした話もありません。勉強しないからこそ、最近の歌手は、一曲か二曲ヒットしても、あとが続かないし、すぐにのどを痛めて、声が出なくなるのです。

その点、私は勉強し続けてきたおかげで、今でも現役の歌手として唄っていますし、声もちゃんと出ます。飽きられたからといって、ファンから見捨てられるようなこともありませんでした。

それもこれも、歌の勉強はもとより、本を読んだり映画を見たりしながら、勉強を続けてきたおかげだと思います。勉強をして自分を磨いておけば、ずいぶんいいことがあるのですよ。

◇責任もとらずに「自立」を騒いでも、自立はできない

マネジャーがつくまでの十年間、私は何でも一人でやった

「付き人」というのは、元来、お相撲の世界から来た言葉のようですが、いまは、駆け出しの新人歌手にまで付き人がつく世の中です。

私がデビューしたころは、付き人はおろか、マネジャーさえいませんでした。仕事に関するすべてを自分でやりました。ステージに出るときも、前の日にリハーサルをしたら、当日は、家でメーキャップし、ステージ用のドレスを着て、車で会場へ。目的地へ着けば、主催者の人にあいさつして、控え室で開演時間まで待って、ステージに上がればよかったのです。

帰りは帰りでドレスアップしたまま、また車で帰るわけです。荷物もありませんから、ハンドバッグひとつ持っていればよかったのです。ですから、付き人は必要ありませんでした。

仕事の打ち合わせなど、マネジャー的な仕事もないわけではありませんでしたが、自分で連絡をとってやっていましたし、当時は大学生のオーケストラで唄うことが多かったため、出演料の交渉など一切しませんでした。「淡谷のり子の謝礼はいくらくらい」という〝相場〟を、各大学で互いに決めていたようです。

学生オーケストラの話が出たところで思い出したのですが、控え室でのお茶の出し方にも各大学の校風が感じられて、とても楽しいものでした。慶応大学は、玄関で私を迎えて応接室へ案内してくれ、落ちつくと紅茶かコーヒーにケーキでした。

それが、当時、帝大と言っていた東大になると、お煎茶に和菓子。早稲田は、塩せんべいに番茶。明治は、かけ菓子といって、計り売りをしていた安いお菓子にソーダ水。立教は、クリームパフェとかアイスクリーム。

当時の大学生というのは、みんな気持のいい人たちばかりで、仕事も楽しかったのですが、なかでも早稲田の学生には私のファンが多かったので、よく彼らとは行動を共にしました。

公演が終わると、

「のりちゃん、飯を食いにいこうよ」

などと誘ってくれ、私はステージドレスのまま、みんなとおでん屋に繰り出したものです。

私に個人のマネジャーが付いたのは、デビューして十年目でした。自分のバンドで唄うようになってからで、初めてコンサートを持ったときでした。

このようにかなり長いあいだ、ひとりで仕事をしてきましたから、現在のように、仕事でもなんでも、まわりの人がすべてお膳立てしてやってくれるというのは、すこし変な気がします。

とにかく、今の若い歌手のように、何から何まで、まわりが世話を焼き、甘えさせるというのは、まったく必要のないことだと思います。

自分の都合のいいときだけ甘えるのは、身勝手すぎます

最近は、「女性の自立」がさかんに叫ばれています。女性の意識が向上したのはとても結構なことですが、私から言わせれば、「なにを今さら」の感があります。女の自立などと、改まっていうまでもなく、人間は親の手もとを離れたら、経済的にも精神的にも自立するのが当たり前のことだからです。

私はそれを何の疑いもなく実践してきました。私の母は、娘には仕事を持たせたいと強く願っていましたから、私たち姉妹にとって、女が働くというのは当然のことでした。

だいたい、いまの女性たちは、自立といっても、どこまで本気になって考えているのでしょうか。たとえば、男性にコーヒー代から何からすべて平気で払わせておきながら、自立、自立というのも、どこかおかしい気がします。

自分の懐がいたまないなら、どんどん相手にごちそうになるというように、自分の都合のいいところだけ甘えるというのは、あまりに身勝手な気がします。

それに、もし自立するなら、すべてのことを自分で責任をとる覚悟が必要ですが、えらそうなことを言う人にかぎって、責任感があまりないようです。

仕事のミスを指摘すると、「言われたとおりにやっただけです」「そういう話は聞いていませんでした」「まえもって言ってくれれば、注意したのですが」とゴタクを並べる。

要するに、自分が悪いのではない、自分には責任がないというわけです。これも、甘ったれるんじゃないと言いたくなりますね。

いっぱしのキャリアウーマンぶっている人に、こういう女性が多いそうですが、自分のした仕事に責任をとれなくて、なんでキャリアウーマンといえるでしょうか。

家庭の主婦だって同じです。主婦なら主婦としての責任を確実にはたしてもらいたいのですが、家にいるのがおもしろくないとか、子育てのために自分のことが何もできないなんて不満タラタラでいるようでは、責任をはたすどころではないかもしれませんね。

生活に追われているのでもないのに、小さな子どもを置いて仕事に出るなんて、要するに、自分が遊びたいからでしょう。自分で産んだ子どもをきちんと育てるという母親の責任もとらずに、自立なんていう理屈をつけても、とんでもないことです。

身勝手な不倫の恋をして、あとになって男が結婚してくれないだの、責任をはたさないなどとさわぐ女も同じです。どんな結果を招こうと、それが自分でまいた種なら、自分で責任をとって解決していくのが、独り立ちした女の生き方ではないでしょうか。

逃げ道がなくなったからといって、人を責めたり、人を頼るなど甘えもいいところです。こういう無責任な生き方をしていると、死ぬまで自立した大人の女にはなれません。

◇「男に負けられない」と言っていても、ギスギスするだけ

男と競争しても、おもしろいことはない

私の嫌いな言葉に「男には負けられない」というものがあります。仕事をしている女性に、よくこういうことを言う人がいるそうですが、なんで男の人と競争しなければいけないのだろうと思います。

男性と競争するのが、そんなに楽しいのでしょうか。必死になって男性と競争している人の顔は、どこか殺伐としていて、潤いが感じられません。

というと、淡谷のり子は、いまの社会で女性が働くことがどれほどたいへんか、どんなに仕事をしても、なかなか一人前に扱ってはもらえない、そういう状況がすこしもわかっていないから、気楽なことが言えるのだという声が聞こえてきそうです。

たしかに、いくら男女平等だといっても、それはタテマエだけで、一般の会社では、女性はなかなか認めてもらえない、ということぐらいは私も知っています。

でも、だからといって、「男には負けられない」と身の丈以上にがんばるのは、あまり頭のいい女のすることではないと思うのです。

男と女はしょせん違います。ふつう、なにをやっても、男のほうが上手なことが多く、競争したらやはり女が負けるでしょう。といっても、私は、だから女はダメなんだと言うつもりはありません。

競争なんかせずに、もっとうまくやればいいでしょう、というだけの話です。早い話が、男をおだててうまく使うようにすればいいのです。

言いかえれば、「もっと男の人を立ててあげなさい」ということです。

「男性を立てる」なんていう言葉は、いまは死語のようになってしまいましたが、女性がもっと男性を立てるようにしたら、世の中はずっとうまくいくのではないでしょうか。たとえば、結婚したら自分は一歩ひいて夫を立てる。自分の旦那様なんだから、立てたっていいでしょう。

女が男を立てれば、男の人も活き活きしてくるのですよ。男にそれなりの仕事をさせるのも、させないのも、すべては女性しだいです。

世の中の偉い方や成功した男は、必ず奥さんに感謝しています。

恋人やボーイフレンドとつきあうときも、職場でも同じです。男性をどんどん立てたほうが、うまくいくはずです。まあ、あまり立てる気がしないバカな男がいることも確かですが、バカにするよりは、立てたほうがいいでしょう。

男をバカにするというのは、男と女を同格に見ているわけですが、男をバカにしても、おもしろくもなんともありませんよ。むしろ、どれもこれもバカに見えてきて、つまらないことおびただしい。

逆に、男も女をバカにすべきではないのです。お互いにバカにしあっていたら、それこそ馬鹿げています。

男をうまく立てるのが、女の知恵

もうすこし具体的な話をしましょう。たとえば、会社ではお茶くみということがあります。ふつう、このお茶くみは女性社員の仕事になっていることが多く、それが女性社員の不満のひとつにもなっているようです。私たち女だけが、なぜお茶くみをしなければいけないのか、と。

もちろん、いまの時代、男の人だってそういうことをしなければいけないこともあります。昨日入社したばかりの新入社員がえらそうに、先輩女性社員にお茶をいれてもらうなんて、たいへん生意気だと思います。

しかしたとえば、お客様にお茶を出すのに、男の新入社員がやったら、それがいいか悪いかはべつにして、お客様から見てもあまり感じよいものではないでしょう。その場にまったく女性がいないのならともかく、私は、明治生まれの女ですから、男の人にそういうことをさせるのは、あまり好きではありません。

「いまは男女同権の時代だから」と権利意識をふりかざすまえに、あえて女性のこまやかな面を演出して見せることも大事だと思います。

そうすることで、まわりの男性が気分をよくしてくれるなら、「男には負けられない」と言っているより、よほど自分の仕事などもスムーズに運ぶはずです。

若い女性が「お茶くみなんかしたくない」と言っているのは、ひとつには、めんどうくさいからという理由があるようです。湯わかしのあるところまで歩いていって、お茶碗をそろえてお茶を入れる。めんどうといえばめんどうかもしれませんが、こんなことを不精がっているようでは、ほかの仕事もちゃんと手抜きをしないでやっているのかどうか、いささか気になります。

とにかく、男と女は違うのだということ、お互いに競争しあう相手ではないということだけは、言っておきたいのです。それがもっとはっきりしているのが、私たち歌の世界です。

もの真似はべつにして、女がわざわざ男のように唄うことはありませんし、その逆もありません。その人に合った歌でないとおかしいからです。

あるいは、男性と女性がデュエットしてみごとにハーモニーをつくるのも、これは、男と女が違うからはじめて可能になるのです。

「私も働いているのだから」は禁句

男女がハーモニーをかなでるといえば、夫婦というのも、いかに息の合ったハーモニーをかなでるかがだいじでしょうね。そのために気をつけていただきたいのは、とくに共稼ぎの場合ですが、妻は絶対に「私も働いているのだから」という言葉を口にしないということです。

「私だって働いているんだから、あなたも家事をやって」

こう言って、夫に家事をなかば強制する女性が多いそうです。なんとも、恩着せがましい言葉ですね。

もっとも、妻にこんなことを言われるのも、私に言わせてもらえば、男のほうもだらしないからです。昔は、女房を働かせるのは、「男に甲斐性がない」ということで軽蔑されたものでした。

しかし、いまの男の人たちは、女房も稼いでくれたほうが、自分もラクができるし、すこしはぜいたくもできるからいい、と思っているようですから、妻のほうも大きな顔をしてのさばるようになるんです。

妻のほうも、自分で働いて稼いでくると、亭主の稼ぎと自分の稼ぎを比較するようになり、なんとなく、男が能なしに見えてしまうのです。

ですが、これでは夫婦もうまくいくはずがありません。二人で力を合わせ、旦那さんを立てるようにすれば、なんの問題もないのに、それを、妻が「私が、私が」

と言うようになるからおかしくなってくるのです。

ある会社の話ですが、十組が職場結婚して共稼ぎしたところ、そのうちの九組までが離婚したという例もあります。収入が妻、夫のふたつあるというのは、よほどお互いのわがままを許し合わなければ、成り立たないものです。

男に負けない、というのではなく、自分を生かすために男を立てる、という知恵を女性にはぜひ持ってもらいたいのです。

◇仕事をするなら、女の甘え、わがままは捨てること

私はわがままな女だから、いくら気を遣っても遣いすぎることはない

私が自分のバンド、「淡谷のり子とその楽団」をもったのは、昭和十四年の五月でした。まえにもお話ししたように、その年の五月十日、歌手生活十年を迎えた私の初めてのコンサート「私の好きな歌を歌う夕べ」が日比谷公会堂で催されました。

その日は私のために、三つの有名楽団が揃いました。コロンビア・スウィング・

バンド、桜井潔とその楽団、ヴェルデ・イス・オルケスタの三楽団でした。

私は音楽学校の卒業の日に、十年後にはかならず自分のコンサートを開いてみせると心に誓っていましたから、その日はいささか興奮ぎみでした。しかも興奮する理由がもうひとつありました。その日を期して、三つのバンドのうちの、ヴェルデ・イス・オルケスタが私の専属バンドになることが決まっていたからです。

「淡谷のり子とその楽団」の誕生は、私の歌手生活での完全な「自立」を意味していました。

「きょうから私は、私のバンドマンたちと苦楽を共にしていくのだ」と思うと、嬉しさ半分、気持が引き締まるのが半分という心境でした。それと同時に、

「私は座長だが、天狗になってはいけない。女をふりかざしてはいけない。バンドあっての私なんだ」

ということを絶えず心がけていくことにしました。それでなくとも私は、わがままな女です。いくら気をつけても、気を遣いすぎることはないと思いました。

そのために、私がまず最初にしたことは、バンドマスターの了解を得たうえで、メンバー全員の給料を同じにするということでした。バンドマスターも、メンバーと同じ給料です。

これは、メンバーの給料がちがうと、「あいつがおれより高いのはおかしい」などと、かならず不平が出て、とかくもめごとの種になるからです。

その給料も、当時のバンドマンは、月に百二、三十円が相場のところ、私は一律に三百円出すことにしました。ですから、私の楽団では、給料の不満は最後までひとつも出ませんでした。

男性バンドマンには、ひとこと注意するにも気を遣った

地方の公演に行くときは、乗り物やホテルにも気を配りました。当時の列車は、一等、二等、三等に分かれていましたが、スター歌手は一等に乗り、バンドマンたちは三等で行くというのがふつうでした。ですから、地方公演の主催者が切符を送ってくるようなときも、私には一等、バンドマンたちのぶんは三等です。

しかし、私は一等の切符をもらっても、かならずそれをキャンセルして二等に乗

るようにし、逆に、バンドのメンバーたちのぶんは、三等から二等に変えて、全員で二等でいっしょに汽車に乗るようにしました。もちろん、三等と二等の料金の差額は、私が自分で払ったのです。

また、旅先の宿も、ふつうスター歌手とバンドマンとでは、宿もちがえば部屋のランクも全然ちがうのですが、それもしませんでした。彼らにも、私と同じようないい部屋に泊まってもらいました。その場合も、やはり私の持ち出しです。

いつもそんなふうにしていましたから、バンドの人たちも、私の気持をよくわかってくれていました。あるとき、バンドの人たちのために用意されていた旅館が、あまりに汚くて気になったものですから、

「私の泊まるホテルのほうへ移ってこない」

と誘ったことがあります。しかし、そう言っても、

「いえ、ぼくたちはここでいいです」

彼らのほうからそう言ってくれるほど、私たちは心が通じ合うようになったのです。食事にしてもなんにしても、いつもバンドの人たちと同じ、絶対に差別しない

ようにしました。

しかし、そうやって同じになるようにしていても、それだけではうまくいきません。私は女で、相手は全員男性。いくら待遇がよくても、女の下で働くというのは、やはりおもしろくないこともあるでしょう。それだけに、私も気を遣いました。男の人たちは、ストレスがたまりますから、月に一度は遊ばせました。「あなた、これで一杯、飲んできなさい」とお金を包んで渡したものです。

音楽のことなどでメンバーに注意したいときも、直接相手には言わないようにしました。女から注意されるのでは、男性のプライドが傷つくこともありますから。ですから、メンバーに注意したいときは、バンドマスターにそっと耳うちして、「こうしてほしい」「ああしてほしい」と頼み、彼の口から注意してもらうようにしました。

そういうところまで気を遣っていれば、波風も立ちません。

「淡谷のり子とその楽団」は、終戦の年まで七年間続きましたが、その間、一人も抜ける人はいませんでした。逆にまわりからたいへん羨ましがられて、入れてほしいという人がたくさんいました。メンバーのなかに戦死した人がいたので、やむなく楽団は解散しましたけれど、そうでなかったら、おそらくもっと続いていたはずです。

私にお金がたまらないのは、そうやってバンドの人たちのために、ずいぶんお金を使ったからということもあります。しかし、自分が貧乏で苦労していますから、お金をめぐる人の気持は、ある程度わかっていたつもりです。

それに、私にとって大事なのは、少々のお金より歌であり、ステージのほうでした。そのステージを盛り上げるためには、どんなにお金を使ってもかまわないと思っていました。

私の歌を聞いてお客さんが喜んでくれるのも、バンドの人たちをはじめ、陰で協力してくれる人があってこそです。そうした気持は、現在まで変わりません。

仕事をするなら、男の人の気持を理解することがだいじ

そうやって、男の人たちといっしょになって仕事をしてきましたから、私は、女が男と仕事をするのがどれくらいたいへんか、そのあたりのことは十分にわかっているつもりです。

ですから、ほんとうを言えば、女の幸せは、こうやって男性といっしょになって働くことではなく、やはり結婚することがいちばんだと思います。自分で働いて自立するなんて、苦労することばかりですから。

でも、私は残念ながら、結婚生活には向いていない女でしたから、どんなに苦労しても、自立せざるをえなかったわけです。

最近は、結婚しないで一生仕事を続けていきたいという女性もいるそうですが、できたら、そんなのはおやめなさい、とアドバイスしたいですね。世の中には私と同じように、結婚生活には向かない女性もいますから、いちがいには反対しませんが…。

ただ、もし本気で男性といっしょになって仕事をしていくなら、〝女〟をふりかざさず、男の人の気持を理解することがだいじだということは言いたいのです。仕事では、男も女もありません。それを、私は女だから、特別扱いしてほしいということをしていたら、男性といっしょの仕事はできませんよ。

たとえば、仕事のミスを注意されたとき、泣いたりふくれたりする。そんな女の甘えは、仕事では許されません。許されているとしたら、一人前あつかいされてないということです。

まえにも言いましたが、男の人を立てるということもだいじです。とくに、女性が男性の部下をもったようなとき、男性のプライドを傷つけるようなことを平気でして、それで失敗することが少なくないようです。

いくら部下でも、相手は男性ですから、注意ひとつするにしても、相手のプライドを傷つけないような気配りが必要です。

◇「淡谷のり子さんのお顔が怖すぎて…」

美川憲一が大先輩から受け継いだ「お金術」

皆様、ごきげんよう。美川憲一です。今週は、お世話になった大御所の方々とのエピソードからお話しさせていただこうかしら。

ご存知の方も多いかもしれませんが、私がシャンソンを歌うきっかけを作ってくださったのは、故・淡谷のり子さん。

初めてお会いしたのは、私の3曲目のシングル「柳ヶ瀬ブルース」（1966年発売。当時の美川さんは20歳）がヒットした頃。

淡谷さんというブルースを歌う女王と、当時のキャッチフレーズが「夜の貴公子」で若手のブルース歌手だった私との、確か雑誌での対談でした。

現場に到着したら、すでに淡谷さんはメイクをすませて衣装も着込んで、お座敷に座っていらっしゃった。

「おはようございます。遅れて大変申し訳ございません」とご挨拶させていただいたのですが、「いいのよ。わたくしも今、到着したところですから」とおっしゃるのですが、その表情がとても恐い。話調はソフトでもお顔つきが恐すぎて、私は人生で初めて後ずさりをする体験をしました（笑）。

すると、「わたくしの顔が怖いんでしょう?」と唐突に聞かれて、私は遠慮せず「はい!」と答えてしまいました。そうしたら淡谷さんが「あなた、ストレートな人柄でいいわね」と喜んでくださったの。

あの頃の淡谷さんは、すでにシャンソン界の権威。周りには反対意見を言う人など皆無な環境で、正直に意見した私を気に入ってくださったみたい。そして、対談後にこう言われました。

「これから私が、あなたをかわいがってあげる。今度お食事でもしましょう」

「ぜひ」とお答えしたものの、ご一緒しても緊張でお食事が喉を通らないことは明白。数年間はお断りしていたかもしれません。

その後、仕事場でお会いした時のこと。「連絡もないし、お食事にも行かないわね。なぜなの？」と聞かれて。「大先輩ですから緊張しますので」と伝えたら、「そんなこと気にしないでいいのよ」とおっしゃっていただいたんです。

何度もお断りするのも失礼になるので、お食事を共にした日が、親しくさせていただく契機になりました。

お誘いを断り続けていた、若かりし頃の自分に向けてガタガタ言いたいです。私にシャンソンを歌うことを勧めてくださったのは何より淡谷さんですし、実母と私が大ファンだった故・越路吹雪さんとのご縁もつないでいただきましたから。

淡谷さんが私にシャンソンを勧めてくださった時の言葉は、今も記憶しています。

「若い今はわからないかもしれないけれど、シャンソンはいいわよ。年を取って枯れてきても、キレイな衣装を身に着けてピアノ演奏だけで歌えるから。あなたはマッチョな男らしいイメージではないから、ソフトなシャンソンが向いていると思うわ」

ご指導どおり「自分には無理かも……」と思いつつ、ワンマンショーなどの合間にシャンソンを歌ったら、かなりウケたんです。

越路吹雪さんのファンだと淡谷さんにお話ししたのはいつだったか覚えていないけれど、母が大ファンでよく口ずさんでいたんです。近所の人に「少し似ている」なんて言われると大喜びで、私も母の影響でファンになりました。

というエピソードを雑談でお伝えしたところ、「親子ともどもコーちゃん（越路さんの愛称。旧姓から）のファンで、わたくしはあなたにとってどんな存在なの？」

「淡谷のり子さんのお顔が怖すぎて…」

と淡谷さんに聞かれまして。

淡谷さんは年齢が40歳近く上なのですが、「お母さんのような」と言うのは失礼なので、「身内のお姉様のような方です」と言ったら、「それなら許してあげる。紹介するから」と即、越路さんに電話してご紹介いただきました。

以後、越路さんとはお家に遊びに行かせていただくほど仲良くさせていただきました。劇場の楽屋へお邪魔させていただいた時のオーラには圧倒されました。「こういう方こそが大スターなんだ。自分はまだまだ修業が足りていない」と痛感した経験でもありました。

おふたりには共通点があり、口酸っぱく言われていた言葉があります。

「貧乏くさくなるから、お金は貯めちゃダメよ。銀行の通帳を見て、いくら貯まったか、なんて眺めていたら、金額ばかりが気になってしまうだけだから。稼いだ分、使いなさい」

私はその言葉を受け継いでいますし、おふたりも有言実行していました。

確か淡谷さんはご自宅を建てる際、土地を購入するのではなく借地でした。あれほどの大スターが「土地なんていらないのよ」と、おっしゃっていました。

越路さんも同じでした。夫の内藤法美さんを大切に気遣い、それまで賃貸住まいだったのに、彼のために家を建てようとして、完成直前に亡くなってしまったの。

越路さんは1980年に逝去されましたが、マネージャーとしてずっと連れ添っていた岩谷時子さんの活躍も素晴らしくて。越路さんにとって、戦友というか友達というか、姉妹というか…濃密な関係でした。

先述しましたが、越路さんは貯金していないので、海外へ旅行に行くと、「お金が足りないから送金してほしい」とお願いされることもたびたびだったとか（笑）。

「コーちゃんは大スターだから常に光り輝いていないといけないから、お金がかかるのは仕方ないの」なんて言いながらも、支えていました。

私もおふたりの生き様は正しかったと思います。主に自分が使うお金は、自分磨きをするための自己投資。人前に出るお仕事ですから、いつも身ぎれいにしてオシャレをしていたいのです。

死んでしまったら、お金も名誉も地位も、あの世には持っていけません。今ある仕事を一生懸命頑張って、自分に投資する。この方針が、少しでも皆様の生きる指針になってくれるとうれしい限りです。

Asage・i B・iz（2023年4月10日より）

復刊にあたり

朝のNHK連続テレビ小説「ブギウギ」の中で、主人公「福来《ふくらい》スズ子」の生涯の良きライバルとして登場する「茨田《いばらだ》りつ子」。そのりつ子を、女優菊地凛子さんが演じ令和の視聴者の間で話題になりました。

りつ子のモデルが、青森出身の歌手で〝ブルースの女王〟と呼ばれた淡谷のり子さんです。日本におけるシャンソン歌手の第1号であり、その実力はNHK「紅白歌合戦」（1953年）に初出場しトリをまかされているほどです。これは現在でも彼女が唯一の存在です。

菊地さんがドラマのなかで歌い上げるシャンソンそのものが注目されましたが、同時に、今からおよそ80年前の太平洋戦争末期、平均年齢わずか16歳にして特攻隊員として死地に赴く若者たちの前で凛として歌う「茨田りつ子」の姿が強く印象付けられました。

当時は軍人の命令は絶対でしたが、彼女はモンペ姿の衣装を拒否して華やかなステージ姿で若者の前で歌い続けました。

「せめてステージの時ぐらいね、お聞きになっていらっしゃる方たちにも、夢を持っていただきたい、その時だけでも心配ごとでも、嫌なことでも忘れてもらいたい。私は、とにかく歌うためには、いろんなことを犠牲にする女だから…」

ドラマの中でも描かれていますが、日中戦争が勃発した時期に、彼女の「別れのブルース」という歌が生まれたのですが、発売当初はまったくと言っていいほど売れませんでした。日本中の国民が「皆右になれ」の軍国的風潮の中で、ブルースのようなセンチメンタルな曲は避けられたのです。しかし、プロの歌手としての生きざまを通したのです。

「若い兵隊さんがみんな白い鉢巻をして聞いていました。命令（出撃）が来なければいいなと思いながら歌っていると、すっと立って私に笑顔で挨拶していなくなるんです。私ははじめて舞台の上で泣きました」

バブル景気を謳歌する若者たち、とくにハメを外す女性たちに対し、「誰のおかげでいまがあるの…」

淡谷のり子さんは生涯この思いを抱き続けたのでしょう。

1970年から80年代になると、さまざまな歌番組の審査員も務めましたが、「今の若手は歌手ではなく〈歌屋〉にすぎない、もっと歌を勉強するように」という辛口の苦言を堂々と述べ、世間から批判されても臆することはありませんでした。プロとしての矜持、これまで歩んできた人生…、彼女は揺《ゆら》ぐことはありませんでした。

1996年、美川憲一さんたちが淡谷さんの米寿を祝う会をひらきました。会の最後に、みんなで「バラ色の人生」の大合唱となり、マイクを向けられましたが、歌うことは避けました。歌手・淡谷のり子のプライドがそうさせたのです。

長年にわたって公私ともに親しかった美川憲一さんは、
「内面は本当に繊細な方だから自分で悩めることもたくさんあっただろうし、そういう意味では、その戦いだったんじゃないかな。寂しさと強さ、弱さを見せちゃいけないっていうものが淡谷さんの中にスタイルとして出てきたんだと思う。だから、別れのブルースとか雨のブルースとかがヒットしたのは、淡々と歌うその強さの中にせつなさが出てきたんじゃないですか」

本書の「原本」は、1987年（昭和62年）の暮れに、「ゴマレディス」シリーズの第1作として「ごま書房」から刊行されました。当時の世相は後世「昭和バブル」と言われた未曽有の好景気の真っただ中で、文字通り世の中は浮かれていました。「仕事でも人生でも、女性が多様な生き方を選べる時代にあって、自分の人生をどんな味付けをしていくべきか」を問うシリーズでした。
その創刊第1作の著者として白羽の矢が立ったのが淡谷のり子さんでした。

この度、36年ぶりに原本を再編集し、新装版として出版したのは、言うまでもなく、テレビドラマで菊地凛子さん演じる「淡谷のり子」が世間の耳目を集めたことにあります。一方で本書の中で淡谷さんが繰り返す言葉の一言ひと言が、「令和のバブル」を迎えようとしている日本社会に生きる私たちの胸に何かしら響くものがあると感じたからでした。

個人的な話になりますが、淡谷さんの著書をお届けした際の印象が残っています。目の前に、小柄な老婦人がいらっしゃいます。応接間に通された当時37歳の私に対して、「今回はお世話になりました」と丁寧にお礼をおっしゃられました。出された紅茶を飲んでいると、目の前にある書籍をとって席を立たれた。しばらくすると「どうぞ」と1冊手渡されました。開いてみるとそこには毛筆で書かれた達筆なサインがありました。

テレビでは容赦ないダメ出し、聴いているほうが心配してしまう歯に衣着せぬ辛口のメッセージ、毒舌。しかし、目の前の老婦人の印象といえば、プロとして矜持を持ち一本すじのとおった生き方をされてきた方には見受けられませんでした。

「淡谷のり子」という名前が、令和のこの時代に再び脚光を浴びたことは、美川さんをはじめ交流のあった著名人の方々とは別次元となりますが、一個人として思い浮かべてみれば私自身も感慨深いものがあります。

本書をお読みになった読者、とくに女性の方々に、〝ブルースの女王〟淡谷のり子さんの毒舌にかくされた〝優しき想い〟をくみとっていただければ幸いです。

2024年2月

ごま書房新社　池田雅行

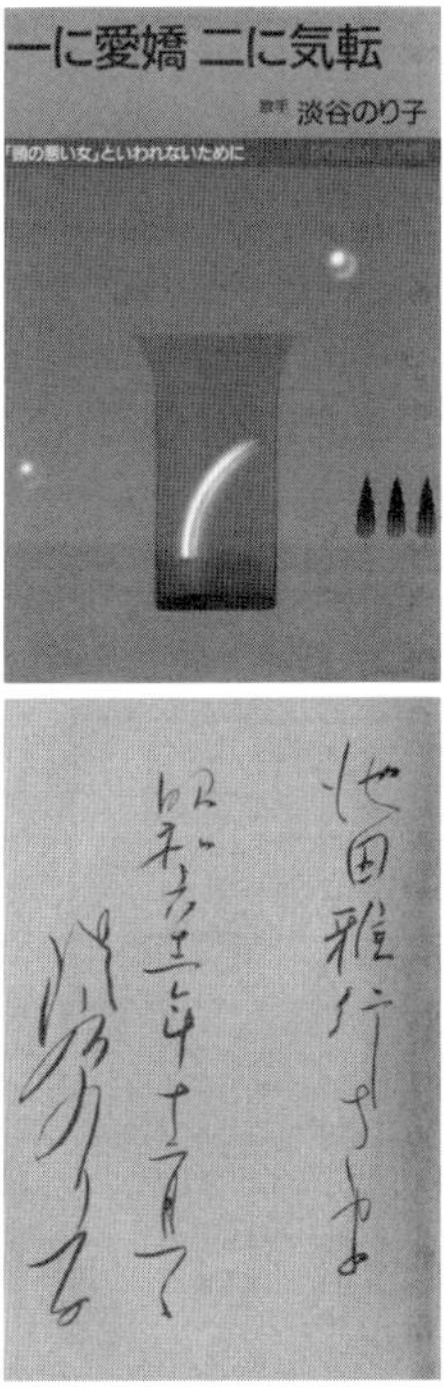

※1987年刊行の「ゴマレディス」の表紙と淡谷さんのサイン

◆著者略歴

淡谷 のり子（あわや のりこ）

1907（明治40）年青森市に生まれる。

昭和4年東洋音楽学校（現東洋音楽大学）卒業後、歌手としてデビュー。

昭和12年『別れのブルース』が大ヒットし、“ブルースの女王”と呼ばれる。昭和46年日本レコード大賞特別賞、同47年紫綬褒章受賞。心を唄える数少ない歌手として、若いファンの注目も集めている。また、歯に衣着せず、若い歌手にズバリ直言するなど、スジを通す生き方に拍手をおくる人も多い（ゴマレディスより）。1999（平成11）年没。

一に愛嬌　二に気転

2024年3月25日　初版第1刷発行

著　者　淡谷 のり子
発行者　池田 雅行
発行所　株式会社 ごま書房新社
〒167-0051
東京都杉並区荻窪4-32-3
AKオギクボビル201
TEL 03-6910-0481（代）
FAX 03-6910-0482
カバーデザイン　（株）オセロ 大谷 治之
DTP　海谷 千加子
印刷・製本　精文堂印刷株式会社

ISBN978-4-341-08855-2 C0095